Johann Benjamin Michaelis

Sämmtliche poetische Werke des Herrn Johann Benjamin Michaelis

III. Teil

Johann Benjamin Michaelis

Sämmtliche poetische Werke des Herrn Johann Benjamin Michaelis
III. Teil

ISBN/EAN: 9783743366381

Hergestellt in Europa, USA, Kanada, Australien, Japan

Cover: Foto ©ninafisch / pixelio.de

Manufactured and distributed by brebook publishing software (www.brebook.com)

Johann Benjamin Michaelis

Sämmtliche poetische Werke des Herrn Johann Benjamin Michaelis

PHILINT UND JRENE.

MICHAELIS
WERKE

III Theil

WIEN
BEI F. A. SCHRÆMBL.
MDCCXCI.

SÄMMTLICHE

POETISCHE WERKE

DES

HERRN JOHANN BENJAMIN

MICHAELIS.

———

Erste vollständige Ausgabe,

III. Theil.

WIEN

———

Gedruckt für Franz Anton Schrämbl
bey Ignaz Alberti 1791.

INHALT

DES

DRITTEN BANDES.

OPERETTEN.

— — Alternis facilis labor.

VIRGIL.

DEM

HERRN CANONICVS

GLEIM.

.

Schwärmt meine liebe Schwärmerinn,
Die, von dem Plutus aufgewiegelt,
Des Epidaurers Eigensinn
Bisher verschloßen und verriegelt,
Und als sie noch, Trotz aller Müh!
Sich manchmahl feßelledig machte,
Selbst Cerberus — Hypochondrie
Ein ganzes langes Jahr bewachte:
Kaum wieder frey, kaum wieder heim,
Schon wieder rasch, schon wieder lose,
Mit dieser Knospe mehr, als Rose
Nicht gleich zu ihrem *Gleim*?

Zwar, wenn in *Seines* Paphos Lauben
Der Küße Gott und Gott der Trauben

Des Grams zerknickten Fittig schwärzt,
Gresset - Jacobi mit *Ihm* scherzt,
Die Grazien ein Lied begehren,
Wohl Cypris selbst sich eins bestellt,
Und alle Nymphen von Cytheren
Bereits den neuen Himmel hören —
Will *Ihn* die Schwätzerinn nicht stören,
Weil *Ihn* was Würd'gers unterhält.

Wenn aber wird sie *Ihn* nicht stören?

VORREDE.

Weder Charakter noch Umſtände erlauben vor der Hand dem Verfaſſer, einige dieſer gelegenheitlichen Auffätze zu beſonderen Sammlungen auszudehnen. Es nach und nach, und gleichſam unter den Augen des Publicums zu thun, ſchien gegenwärtig, wo nicht der einzige, wenigſtens der beſte Weg, den er einſchlagen muſste. In dieſer Betrachtung wird man, ungeachtet der äuſſerſten Sorgfalt, es ſo weit als möglich zu treiben, eben ſo wenig überall die Spur der letzten Feile fordern, als es ſich befremden laſſen, wenn dann und wann Streifereyen in fremde Dichtungsarten diejenigen ablöſen, worin ihn etwa einer oder der andere vorzüglich erwartet. Die Nachficht vielleicht allzugütiger Kenner gegen feine erften Verfuche erregte in ihm den Wunfch, fie zu verdienen. Kann er fich ein gröfseres Glück denken, als ihre Verficherung, durch gegenwärtige Kleinigkeiten einen in diefer Abficht wenigftens nicht gänzlich unglücklichen Schritt, gewagt zu haben?

Leipzig, den 8. October 1769.

Johann Benjamin Michaelis.

I.

WALMIR und GERTRAUD,

ODER:

MAN KANN ES JA PROBIEREN.

EINE

OPERETTE IN DREY AUFZÜGEN.

Vna de multis face nuptiali
Digna.

HORATIUS.

.

VORBERICHT.

Diefe Operette follte ein Verfuch feyn, die rührende Komödie in das lyrifche Drama überzutragen. Der Verfaffer erinnert fich nur eines Vorgängers. Ihr Schickfal felbft mufs er der Kritik, und was mehr als Kritik ift, der Zeit überlaffen. Nur wegen des Wunderbaren, das man in ihr und der folgenden finden wird, leget er ein für alle Mahl fein Glaubensbekenntnifs ab: „Man laffe das ordentliche Schaufpiel von Gottheiten leer, „und werfe dagegen die wunderbaren Materien in ein Schaufpiel hinein, worin man „alle fchönen Künfte auf die wahrfcheinlichfte Weife vereinigen will." — Übrigens ift diefe Kleinigkeit fein erfter theatralifcher Ausflug, den er bereits 1766 gewagt.

PERSONEN.

GERTRAUD.

WALMIR.

PHILIBERT.

ADELGUNDE.

MARBOTT.

NADOBOI.

TURBAN.

DAS GEFOLGE.

Der Schauplatz ist auf einer wüsten Insel.

WALMIR und GERTRAUD.

EINE OPERETTE.

Das Theater stellt eine Waldung vor. Im Hintergrunde erblickt man eine männliche Statue, hinter der sich die Aussicht in die See öffnet. Die Sonne geht auf.

———————

ERSTER AUFZUG.

ERSTER AUFTRITT.

PHILIBERT. ADELGUNDE.

(Sie bekränzen die Statue mit Blumen, und singen.)

DUETT.

PHILIBERT.

Dieß kleine Eiland, wo wir stehn,

ADELGUNDE.

Die weiten Meere, die wir sehn,

BEYDE.

Entzückt der junge Morgen!

PHILIBERT.

Auch wir empfanden ihre Luft,
Gelehnt an unfers Vaters Bruft,

ADELGUNDE.

Auch wir empfanden ihre Luft,
Gelehnt an unfrer Mutter Bruft,

BEYDE.

An manchem jungen Morgen!

PHILIBERT.

Doch, feit ein feindliches Gefchick
Den beften Vater unferm Blick

ADELGUNDE.

Doch, feit ein feindliches Gefchick
Der beften Mutter jedes Glück

BEYDE.

In diefem Bild verborgen;

PHILIBERT.

Entzückt das Eiland, wo wir ftehn,

ADELGUNDE.

Entzückt die Meere, die wir fehn,

BEYDE.

Umfonft der junge Morgen.

PHIL. Ich bin fertig!

ADELG. Nur noch einen Kranz! — Ach!
wenn er noch lebte, dann wollten wir nicht
diefen Stein umkränzen. Dann fuchte ich

Blumen, und legte fie in mein Körbchen!
Siehe! wollte ich fagen, mein Vater, diefe Blumen hat dir deine Tochter gepflückt,
früh — fo früh, als die Sonne aufging. Aber
du haft ja noch ein Körbchen voll Blumen,
Philibert! wozu willft du die brauchen?

PHIL. Kannft du rathen, Adelgunde?

ADELG. Du willft dich damit kränzen.

PHIL. Nein!

ADELG. Mich?

PHIL. Wie du räthft! — Das alles nicht!
Ich will fie unfrer Mutter bringen. Sie wird
noch fchlafen. Ich will ihr Bett mit Blumen beftreuen, und wenn fie aufwacht,
wird fie unter meinen Blumen erwachen,
und wird freundlich lächeln!

ADELG. Lächeln? — Ach! die gute Mutter lächelt nicht mehr — Sie weint : und
wenn ich es fehe, fo flieht fie. Ach! lieber
Bruder, ich weine oft auch, wenn ich fie
fo traurig fehe ; und dann fragt fie mich
alle Mahl, warum ich weine. — Aber ich
kann es ihr nicht fagen, Philibert! ich kann
es nicht fagen! — —

PHIL. Wenn fie gleich immer traurig
ift, fo wird fie doch lächeln! Ich gebe es
ihr ja aus gutem Herzen. Sie lächelte ja

auch geſtern , als du ihr das ſchöne Lied
ſangſt : und ſie dachte eben an den böſen
Ritter; und wenn ſie an den denkt, weint
ſie alle Mahl. Aber Adelgunde , warum redet ſie denn jetzt wieder ſo viel von dem
Ritter? Wir haben ihn ja lange nicht geſehn. Er wird doch nicht etwa gar wieder
auf unſre Inſel kommen ? —

ADELGUNDE.

Vor dem lieben Ungewitter
Fürcht' ich mich zwar ſehr;
Aber vor dem böſen Ritter
Fürcht' ich mich noch mehr.
Mit ſeinem bärtigen Geſicht
Gab er mir einen Kuſs. Allein
Ich fing erbärmlich an zu ſchreyn.
Den bärt'gen Leuten trau' ich nicht!

PHIL. Ich auch nicht. — Aber ich ver-
geſſe zu unſerer Mutter zu eilen!

ADELG. (ſieht ſich um , und wird Gertraud gewahr.) Da kommt ſie ſelbſt! Ein
anderes Mahl halt dich eher dazu!

PHIL. Hurtig! gib mir das Körbchen!

ZWEYTER AUFTRITT.

GERTRAUD und die VORIGEN.

*(Sie kommt niedergeschlagen heraus. So bald
sie ihre Kinder sieht, sucht sie ihre
Thränen zu verbergen, und ihr Gesicht zu erheitern.)*

GERTR. Seyd ihr da, meine Kinder?
Was macht ihr schon hier?

PHILIBERT.
*(übergibt ihr das Körbchen mit Blumen,
und singt.)*
Von Freuden des Morgens erfüllt,
Umkränzen wir beyde diefs Bild,
Aber diefs Körbchen, von Ehrfurcht entzückt,
Hat dir dein Philibert selber gepflückt.

So klein meine Gaben auch sind,
So bringt sie doch, Theure, dein Kind!
Heut ist die Flur noch an Blumen zu leer;
Künftigen Morgen bringt Philibert mehr.

GERTR. Du gutes Kind! Ich danke dir
für deine Liebe! *(Sie gibt ihm das Körbchen wieder.)* Trage mir es heim!

ADELG. Und mir dankſt du nicht ? —
Sieh nur ! wenn unſer Vater wieder auf-
leben ſollte, würde er nicht lächeln, daſs
wir ihn ſo ſchön geputzt haben ?

GERTR. (*weint.*) Ach ! der gute Vater!

ADELG. Weine nicht, meine gute Mutter! ſonſt muſs ich auch weinen! —

GERTR. Ich weine über euch, meine Kinder! Ihr habt ihn mit Blumen geſchmückt —
Wiſst ihr denn, was heute für ein Tag iſt ?

ADELG. ⎫
        ⎬ Nein!
PHIL. ⎭

GERTR. Der Tag ſeines Todes, und der
Tag, an dem ein grauſamer Liebhaber ſeine entſetzlichen Verſuchungen das dritte
Mahl erneuern wird ! — — Ach ! mein
Walmir! warum lieſs ich dich von mir —
Ich ſah doch, wie ahndungsvoll deine Seele dem unglücklichen Abſchied' entgegen
kämpfte — wie zitternd deine Arme meinen
Buſen umſchlangen — — wie ängſtlich das
letzte Lebewohl — ach ein ewiges Lebewohl! auf deiner Zunge bebte — Und ich
Grauſame lieſs dich von nichts, als meinem Gebothe begleitet — dich allein in die
Wälder ziehen, um dich, in dieſen leblo-
ſen Stein verwandelt, wieder zu finden!

GERTRAUD, PHILIBERT, ADELGUNDE.

TERZETT.

ALLE.

Tag, der du mir den Tod gegeben,
Graufamer Tag! gib uns das Leben,

GERTRAUD.

Gib meinen Walmir zurück!

PHILIBERT UND ADELGUNDE.

Gib meinen Vater zurück!

GERTRAUD.

Gern, ohne dafs ich weibifch zage,
Will ich für meine Pflicht erblaffen!

PHILIBERT.

Gern will ich künftig, ohne Klage,
Die Lieder und die Blumen haffen!

ADELGUNDE.

Ich will fogar mich alle Tage
Den bärt'gen Ritter küffen laffen!

ALLE.

Tag! nur gewähr' uns diefs Glück!
Tag! der du mir den Tod gegeben,
Graufamer Tag, gib uns das Leben,

GERTRAUD.

Gib meinen Walmir zurück!

PHILIBERT UND ADELGUNDE.

Gib meinen Vater zurück!

GERTR. (*erfchrickt.*) Was fehe ich? —
Das Geflade wimmelt von Leuten! Ich
bin verloren! — Unglückliche Gertraud!
Unfeliger Marbott! Verfolger meiner Tu-
gend! welchen Tag wählft du zu deinem
Vorhaben!

PHIL. O Himmel, es ift der Ritter! Arme Mutter, fürchte dich nicht!

ADELG. Fürchte dich nicht! Wir ftehen
dir bey!

Auf, lieber Bruder Philibert!
Verachte die Gefahren!
Greif du dem Ritter nach dem Schwert!
Ich greif ihm nach den Haaren.

Und wär' der Kerl von Drachenart,
So foll er hier nicht haufen!
Ich will ihm feinen Knebelbart
Zerkratzen und zerzaufen.

DRITTER AUFTRITT.

TURBAN und die VORIGEN.

TURB. (*der langsam herbey schleicht.*)
Zerkratzen und zerzausen? — Nur mich
nicht! — Es geht ja hier recht lustig zu.
(*zur Gertraud.*) Und ihr weint? Nein, im
Ernst, Frau Wittwe — (*er geht auf Gertraud zu, um ihr unters Gesicht zu sehen;
aber die Kinder machen ihm drohende Mienen, und vertreten ihm den Weg.*) Nun,
was heifst das? — Was soll denn daraus
werden? Das will ich doch sehn! — (*sie
spotten ihm nach.*) Ihr macht mich böse! —

ADELG. Das ist uns lieb.

TURB. (*Nachdem er viele vergebliche
Versuche gemacht hat.*) Ich kann ja wohl
von Weitem mit ihr reden! — Der Herr
Ritter Marbott läfst seine Ankunft melden,
und er wird bald seine Aufwartung machen — Heda! Frau Wittwe! — Marbott
kommt — Wie hält's — Wird auf der Infel nicht geredet? —

(*So bald er das gesagt, fallen ihn
die Kinder an, und singen.*)

PHILIBERT UND ADELGUNDE.

So redet man hier!

TURBAN.

Was wär' mir denn das?

PHILIBERT UND ADELGUNDE.

Diefs, Turban, gilt dir!

TURBAN.

Verfteht ihr denn Spafs?

PHILIBERT UND ADELGUNDE.

Da haft du auch was für den Ritter!

TURBAN.

Die Mahlzeit ift verzweifelt bitter!

GERTR. (*die den Kindern inzwifchen ab-*
zuwehren fucht.) Stille, ihr Kinder! Lafst
ihn gehen! — Turban, fage deinem Herrn,
er foll mich fliehn. So wenig er je feinen
eignen Schatten überfpringen kann, fo wahr
die Sonne noch die Sonne ift, die fie an
dem Tage war, da er das erfte Mahl meiner Tugend Fallftricke legte; fo wenig wird
er jemahls meine Unfchuld fällen, und fo
gewifs werden meine Gefinnungen noch die
feyn, die fie waren, als ich meinem Walmir vor diefem Bilde ewige Treue fchwor.

TURB. (*der fich feine Kleider wieder in*
die Falten legt.) Haben denn die kleinen

Narren da auch einen Schwur auf fich,
dafs fie mich fo mifshandeln?

> (*Philibert fetzt fein Körbchen wieder
> hin, und macht Miene auf ihn
> los zu gehen: Turban fpringt zu-
> rück.*)

GERTR. Geh, Turban! und lerne wenigftens von ihnen, dafs Gertraud Kinder hat,
die ihr Muth über ihr Alter erhebt! Und
eh' follen diefe Kinder ihre eigene Mutter
zerfleifchen, als dein Ritter durch Verfprechen oder Drohung ein Herz gewinnen,
das nur für Walmirn lebt! Ich flieh' ihn —
und der Himmel fey unfer Rächer, wenn er
mich verfolgt!— (*zu ihren Kindern.*) Kommt,
meine Kinder!

TURB. Ein höfliches Körbchen! Und Turban, der den Korb abhohlt, wird mit Schlä-
gen empfangen! An die Bothfchaft will ich
gedenken!

> (*Gertraud und ihre Kinder gehen ab;
> die letztern zifchen im Wegge-
> hen den Turban aus.*)

VIERTER AUFTRITT.

TURBAN (*allein.*)

(*Geht auf und ab, und lacht.*)

Man überleg' es um und an,
Der gröfste Thor bleibt doch ein Mann,
Der fich in Heirathsfachen mifcht;
Dem Ritter wird der Korb gefchickt,
Und Turban, den die Bürde drückt,
Wird von den Kindern 'ausgezifcht!

Doch was zu viel ift, ift zu viel!
Sie treibt bey alle dem das Spiel
Zu weit mit ihrem Mann von Stein.
Ich fchmifs den alten Kerl ins Meer,
Wenn ich an ihrer Stelle wär',
Und follt' er auch von Golde feyn!

(*will abgehen.*)

FÜNFTER AUFTRITT.

MARBOTT, TURBAN.

MARB. Wo bleibft du?
TURB. Wo man bleibt, wenn man fol-

che Ladung hat! da ift er! (*er macht eine tiefe Verbeugung, und zeigt auf den Rücken, als ob er etwas trüge.*)

MARB. Was denn? wer denn? — ich fehe nichts! —

TURB. Nun, wenn der nicht fichtlich ift!

MARB. Ich fehe nichts!

TURB. Gar nichts?

MARB. Gar nichts!

TURB. Nun fo feh' ich auch nichts; aber aufgeladen habe ich ihn!

MARB. Aufgeladen? — Du mufst es verloren haben! Was war's denn?

TURB. Ein kleines Gefchenk von Gertraud.

MARB. Von Gertraud? — Gewifs ein Brief!

TURB. Seyn könnte er's; aber das war's nicht!

MARB. Ein Jawort — eine Liebkofung — eine Schmeicheley? —

TURB. Ein Korb für den Ritter, und ein Dutzend Kopfflöfse für den Waffenträger von den Kindern.

MARB. Wo ift fie?

TURB. In ihrer Hütte.

MARB. Den Augenblick gehe ich zu ihr.

TURB. Der Befuch wird ihr fo angenehm feyn, als der Schnee dem May-
mond.

MARB. Angenehm oder nicht! Zwey Jahre find genug zur Bedenkzeit: der heutige
Tag mufs entfcheiden!

TURB. Entfcheiden hin, entfcheiden her!
Freylich, wenn ich auch den ganzen Tag
vor ihr kniete, und feufzte, und fchmachte-
te, ihre Augen in Feuer und ihr Herz in
Marmor verwandelte, wird fie fich nicht
von ihrem Eigenfinn' abbringen laffen! —
Gefchenke her! und das Bollwerk fpringt,
und wenn es von Eifen wäre!

MARB. Wenn aber auch das fehl fchlüge?
TURB. So verfucht man was anders.

MARB. Und wenn man alles verfucht hat?
TURB. Je nun, fo ift das letzte Mittel
der Tod!

DUETT.

MARBOTT UND TURBAN.

Ein Weib, das alles ausgefchlagen,
Soll es wohl auch den Tod ertragen?
Was fageft du?

MARBOTT.

Der Tod kann uns ewigen Nachruhm
erwerben!

TURBAN.

Es ift ein zu kitzliches Ding um das
Sterben!

MARBOTT.

Ich fage Ja dazu.

TURBAN.

Ich fage Nein dazu.

MARBOTT.

Dem Leben kann man leicht entfagen!
Allein die Tugend zu verletzen,
Bleibt ewig Niederträchtigkeit!

TURBAN.

Ein Kopf ift leichtlich abgefchlagen,
Allein ihn wieder aufzufetzen,
Erfordert mehr Gefchicklichkeit.

MARBOTT UND TURBAN.

Wie aber, wenn der Preis der Ehre
Ein Mahl dein eigen Leben wäre,
Was fagteft du?

MARBOTT.

Der Tod kann uns ewigen Nachruhm
erwerben!

TURBAN.

Es ift ein zu kitzliches Ding um das Sterben!

MARBOTT.

Ich fagte Ja dazu.

TURBAN.

Ich fagte Nein dazu.

MARB. Du bift ein braver Kerl!

TURB. Die Leute fagen's!

MARB. Ich geh'. Leb wohl!

(*Sie gehen an verfchiedenen Seiten ab.*)

ZWEYTER AUFZUG.

ERSTER AUFTRITT.

TURBAN.

Nun, mein Ritter bleibt lange! Ich will gern fehen, wie es ablaufen wird! — — Hält fie aus, fo nehme ich mir morgen eine Frau! Wenn der Mann nur noch lebte! Aber einem leblofen Steine fo treu zu feyn, das heifse ich wahrlich die Treue ein wenig zu weit getrieben! Nur denke ich, nur denke ich, es geht mit der Treue der Weiber, wie mit den Saiten! fie laffen fich alle bis auf einen gewiffen Grad ausdehnen, weiter nicht — oder die Saite fpringt! Das Lied: *Ein alter Poltergeift durch-fpükte etc.* ift ein altes Lied, ein fchönes Lied! Wenn ich ein Ehemann wäre, ich fänge es meiner Frau alle Tage vor! (*Er trällert die Melodie.*) Ja, ja, fo war's!

Ein alter Poltergeist durchfpükte
  Ein altes Haus.
Um ihn nun zu verbannen, fchickte
  Man Zaubrer aus.
„Ach!" fprach der Geift: „ich baute Schlöffer
  „Auf Weibertreu:
„Doch meine Frau verftand es beffer,
  „Und lebte frey!"

„Ift nun ein Weib, die ihrem Bunde
  „Getreu blieb, hier:
„So fchickt fie um die zwölfte Stunde
  „Der Nacht zu mir.
„Ich will ihr grofse Schätze geben:
  „Doch blieb' fie's nicht;
„So räch' ich auch an ihrem Leben
  „Der Weiber Pflicht!"

Ein jeder Eh'mann fprang für Freude
  Drey Mahl empor,
Und fchlug fein eignes Weib, zum Neide
  Des andern, vor.
Man ftritt fich lange hin und wieder
  Mit grofsem Zank:
Diefs fchlug den Weibern in die Glieder;
  Sie wurden krank.

Allein ein Mann hüllt ſich geſchwinde
    Die Augen ein:
,,Verſteckt euch!" ſprach er: ,,die ich finde,
    ,,Die muſs es ſeyn!"
Den guten Bannern der Geſpenſter
    Ward ziemlich warm.
Der Mann ging aus — Durch Thür und Fenſter
    Zerſtiebt der Schwarm! —

Sein eignes Weibchen, das mit Drängen
    Man überraſcht,
Blieb an dem Fenſterſtocke hängen,
    Und ward erhaſcht.
Erſt kurze vierzehn Tage hatte
    Sie ihren Mann:
Doch einmahl haſchte ſie der Gatte —
    Sie muſste dran.

Man führt ſie kühn bis zu der Stelle.
    Hier bleibt ſie ſtehn,
Und will, um Himmel und um Hölle,
    Nicht weiter gehn.
Man mag es, wie man will, verſuchen,
    Sie geht nicht fort:
Der Eh'mann ſchimpft, die Vettern fluchen, —
    Sie geht nicht fort.

Die Männer fangen an zu weinen.
Für Wehmuth ſtumm,
Kehrt jeder zu den lieben Seinen
Geduldig um.
Der arge Poltergeiſt bewachte
Sein Haus in Ruh.
Der Enkel hört' es, und erdachte
Die blinde Kuh.

Huy! Was gibt's da! Wenn wir bey der Hochzeit ſo tanzen, bleibe ich zu Hauſe.

ZWEYTER AUFTRITT.

GERTRAUD, MARBOTT, PHILIBERT, ADELGUNDE, TURBAN.

GERTR. (*die mit offenen Armen zu der Statue ihres Gemahls eilt.*) Rette mich, Walmir! Rette mich! Sey meine Zuflucht!

MARB. (*der ſie zurück hält.*) Höre mich doch, liebſte Gertraud!

PHIL. (*der den Marbott abhalten will.*) Laſs ſie gehn, Betrieger!

GERTR. Ach ich Unglückliche!

ADELG. *(die in einiger Entfernung bleibt, und die Hände ringt.)* Mein Vater! Mein Vater!

GERTR. Wer foll mich fchützen! wohin foll ich fliehen!

MARB. Was habe ich verbrochen? Bey dem Bilde deines Mannes befchwöre ich dich, was habe ich verbrochen?

GERTR. Mich geliebt! mich verfolgt!

MARB. O anbethungswürdige Gertraud! ift dich zu lieben ein Verbrechen?

GERTR. Ja! ich gehöre Walmirn!

MARB. Bey ihm felbft befchwöre ich dich, ift dich zu lieben ein Verbrechen?

GERTR. Graufamer! wie quälft du mich!

MARBOTT.

(Geht auf Gertraud zu, und fällt ihr zu Füfsen.)

O Freude meines Lebens!
Lafs mich mein Urtheil wiffen,
Das, ohne dein Erbarmen,
Mein Herz nicht überlebt,
Das aber auch mich Armen
Zum Götterrang' erhebt.
  Zu Graufame! vergebens
  Hab' ich mich dir entriffen!

In einer düftern Höhle
Durchweint' ich diefes Jahr:
Denn ftets war meine Seele,
Wo meine Liebe war,
O Freude meines Lebens!
Laſs mich mein Urtheil wiſſen,
Das, ohne dein Erbarmen,
Mein Herz nicht überlebt,
Das aber auch mich Armen
Zum Götterrang' erhebt.

GERTR. Graufamer Marbott! was ver-
langft du von mir! — ,

MARB. Nichts, als was meine Liebe ge-
biethet — dein Gemahl zu werden. Jahre
habe ich dir zur Bedenkzeit verftattet. Ach!
du kenneft nicht die Qualen eines Liebhabers — Was habe ich erlitten! — Von
allen Menfchen entfernt, in einer Höhle,
habe ich bloſs deiner Liebe gelebt — und du
willft mich unerhört fterben laffen?

GERTR. O Marbott! ich würde dich lieben — ja, ich würde dich lieben. Die Natur hat dich mit allen Reizen gefchmückt,
die dem Frauenzimmer fchmeicheln. — Allein die Rechte eines Mannes find heiliger.
Ich fchwor ihm ewige Treue zu: und vor

diefer Bildfäule — traurige Refte eines
geliebten Gatten! fchwor ich ihm, zum
zweyten Mahle mich niemahls zu verbin-
den. —

TURB. Ein artiger Schwur auf einer wü-
ften Infel!

MARB. Aber was trieb dich zu diefem
entfetzlichen Schwure?

GERTR. Eine geheime Ahndung, Marbott! über die wir nicht Meifter find. Ich
liebte ihn: und — o! er liebte mich! —
Höre auf; liebfter Marbott! ich ehre dich!
du verdienteft meine Liebe, wenn ich jemahls einen andern, als Walmirn, lieben
könnte! —

Hör' auf, mit Bitten mich zu quälen!
So lange wird mein Herz dir fehlen,
So lang' ich Walmir ftammeln kann.
  Diefs Herz fchwor meinem Freund
        aufs neue
  Bey feinem Bild den Schwur der
        Treue,
  Und Meer und Erde hört' es an.
Hör' auf, mit Bitten mich zu quälen!
So lange wird mein Herz dir fehlen,
So lang' ich Walmir ftammeln kann.

MARB. Glückfeliger Walmir! Unglück-
feliger Marbott! Alfo höre ich den entfetzlichen Entfchlufs? — ich höre ihn — und
lebe? — Ach Graufame! (*Er fällt ihr zu
Füfsen.*) widerrufe dein Urtheil! Ich wei-
che nicht eher von deinen Füfsen.

GERTR. Steh auf, Marbott, und zeige
dich als ein Mann!

MARB. Nein! hier will ich fterben! zu
deinen Füfsen fterben!

TURD. (*der gleichfalls niederfällt.*) Und
ich auch!

MARB. Geh, Verwegner! — Gertraud! anbethungswürdige Gertraud! ift kein Erbarmen? — So fchön und fo graufam? —

GERTR. So graufam, und fo treu!

MARB. (*fieht auf.*) Nun fo wiffe denn,
dafs du in dem Ritter Marbott die Hand
eines Königs ausfchlugft!

ADELG. (*zu Philibert.*) Was mufs denn
das feyn, ein König?

MARBOTT. Weit entlegene Infeln, jede
dreyfsig Mahl gröfser, als die deinige, von
unzählbaren Unterthanen bevölkert, gehorchen meinen Befehlen. Alle diefe Beglei-
ter meiner Reife, die du an dem Geftade fiehft, fir:d die Vornehmften meines

Reichs. — Gertraud ! wirſt du einem Kö-
nige die Hand verſagen , die den Ritter Marbott ausſchlug?

GERTR. Beherrſche dreyſsig Inſeln, jede
dreyſsig Mahl gröſser , als die meinige. Ge-
biethe über Unterthanen, zahlreicher als
der Sand am Meer ! der niedrigſte deiner
Unterthanen ſey an Gütern ſo reich , als
du ſelbſt! Und wenn alles das dein eigen
iſt , dann König! komm zu mir ! Ich
werde dich zu dem Bilde meines Gemahls führen, und ſagen : Hier ſchwor
ich !

MARB. Gertraud! deine Tugend ſchweift
aus. Rufe ſie her , Turban , meine Getreuen! ich will Gertraud zeigen , ob meine Geſchenke ihrer würdig ſind.

(Turban geht ab.)

DRITTER AUFTRITT.

MARBOTT, PHILIBERT, ADEL-
GUNDE, GERTRAUD.

MARB. O Gertraud ! wie verwirfſt du
mich! Ich biethe dir meine Hand, meinen
Zepter, meine Reiche an, und du bleibſt

unbeweglich ? — Und warum ? — Eines
verwandelten Mannes wegen , den du nie
wieder, als in diefem leblofen Steine fehen
wirft? (*zu Philibert und Adelgunden.*) Ihr
Kinder! redet doch eurer Mutter zu! Ihr
follt diefs Eiland verlaffen! Ihr follt fchön
gekleidet werden! Ihr follt meine Kinder feyn!

PHIL. Willft du , Adelgunde?

ADELG. Ich? — — Nein.

PHIL. Ich auch nicht. Es gefällt uns hier
recht wohl. Wenn nur unfer lieber Vater
noch lebte!

GERTR. Marbott! hörft du die Stimme
der Natur? — und ich follte meinen Kindern nachftehen?

MARB. Ach Gertraud! — Sie kommen.
Diefe Gefchenke , Gertraud , waren deinem
Jaworte beftimmt; nimm fie aber , als ein
Zeichen der Liebe und der Wahrheit, an!

(*Turban und das Gefolge kommt.*)

VIERTER AUFTRITT.

MARBOTT, GERTRAUD, PHILIBERT, ADELGUNDE, TURBAN, DAS GEFOLGE.

(Sie verrichten ihren Zug in folgender Ordnung : Turban führt mit einer scherzhaften Geschäftigkeit an ; ihm folgen drey Personen, deren jede auf einem Küssen ein Kästchen mit Geschenken trägt; und diesen das übrige Gefolge, das in einiger Entfernung ehrerbiethig stehen bleibt.)

MARB. Geht hin, ihr drey Vornehmsten meines Reichs, und gehorcht meinen Befehlen!

(Der ERSTE *bringt ein Kästchen mit Perlen, bückt sich drey Mahl vor Gertraud, und singt :)*

Rein sind die Perlen, die durch mich
Mein König übergibt:
Doch reiner ist sein Herz, das dich
Mehr, als sich selber, liebt.

ERSTE HÄLFTE DES CHORS VOM GEFOLGE.

Du, die ein Gott zur Liebe ſchuf,
Warum willſt du ſie ſcheun?
Erfüll' den mächtigen Beruf,
Und lerne zärtlich ſeyn.

(*Der erſte tritt etwas zurück, dem der*
ZWEYTE *folgt.*)

Schön glänzt der theure Diamant,
Den dir mein König ſchickt;
Doch ſchöner, wenn er das Gewand
Der Braut des Königs ſchmückt!

ZWEYTE HÄLFTE DES CHORS VOM GEFOLGE.

Die Liebe zu verſchmähn, iſt Geiz.
Vertrau' dich ihrem Scherz!
Gab die Natur umſonſt euch Reiz,
Und uns ein fühlbar Herz?

(*Der zweyte macht, wie der vorige,*
dem DRITTEN *Platz.*)

Viel iſt des Goldes, welches hier
Mein König dir verehrt:
Doch mehr, als alles, ſchenkt er dir,
So bald du ihn erhört.

ERSTE HÄLFTE DES CHORS VOM GEFOLGE.

Wird ſtets der Schönheit Morgenroth
Auf deinen Wangen glühn?

ZWEYTE HÄLFTE DES CHORS VOM GEFOLGE.

Wird ſtets, verliebt bis in den Tod,
Ein König vor dir knien?

GANZES CHOR.

Du, die ein Gott zur Liebe ſchuf,
Warum willſt du ſie ſcheun?
Erfüll' den mächtigen Beruf,
Und lerne zärtlich ſeyn.

GERTR. (*Beſieht nachdenkend die Geſchenke.*) Hier ſind Perlen — ſie ſind ſchön!

MARB. Himmel! ſey meiner Liebe gün-
ſtig!

GERTR. Ein Käſtchen voll Edelgeſteine —
ſie haben groſsen Werth!

MARB. Glückliche Stunde!

GERTR. Das reinſte Gold — welches
Herz ſollte es nicht erkaufen!

MARB. Ich ſiege! Ich ſiege!

TURB. Viel Glücks! Viel Glücks!

GERTR. Es ſind groſse Reichthümer! —
Hier Marbott! — ich habe ſie geſehn!

MARB. Sie gefallen dir?

GERTR. Ja.

MARB. Und du willſt, mit dieſem Wenigen zufrieden, meine weit gröſsern Reichthümer, die dir deine Liebe zu mir erkaufen kann, verſchmähen?

GERTR. So gelaſſen, als dieſe.

MARB. Dieſe ſind die deinigen.

GERTR. Ich brauche ſie nicht.

MARB. Himmel, was höre ich! Auch meine Geſchenke verachteſt du? — Weder die feurige Liebe eines unglücklichen Liebhabers, noch Herrſchaft, noch Reichthum, können das Herz eines Frauenzimmers bezwingen! Eines Frauenzimmers? — — O Marbott! und du biſt ein König?

TURB. Es iſt ein verzweifeltes Ding! Hätte ich mir das träumen laſſen? Ein Frauenzimmer, das ein Königreich ausſchlägt, das Geſchenke verachtet, Perlen und Diamanten! Hören und Sehen vergeht mir.

MARB. (der bisher in tiefen Gedanken geſtanden.) Alſo kann der unglückliche Marbott durch nichts deine Liebe verdienen?

GERTR. Meine Liebe nicht! aber wenn du mich fliehſt, meine Hochachtung!

MARB. Ich verzweifle!

(Bey diesen Worten geschieht ein Don-
ner. Walmirs Statue verschwindet,
und Nadoboi steht da.)

FÜNFTER AUFTRITT.

NADOBOI UND DIE VORIGEN.

NADOB. Verzweifle nicht, liebenswürdiger Marbott! Sieh hier in mir deinen Be-
schützer, und du, Gertraud, den Regenten
dieser Insel, und deinen bisher unsichtba-
ren Schutzgeist, den Zauberer Nadoboi.
Wo ist dieses Bild, bey dem du schworst?
Wo ist Walmir? Ich zähle dich von allen
Verbindlichkeiten gegen ihn los. Liebe diesen liebenswürdigen Prinzen, und verlafs
deine Thorheit.

GERTR. Wer du auch seyst, Alter! so
wisse, dafs Gertraud wie zuvor ihren Walmir lieben wird. Du hast mir sein Bildnifs
entrissen, vielleicht ihn selbst; aber in diesem Herzen, und in den Herzen meiner Kinder lebt er ewig.

NADOB. Thörichte Sterbliche! Beleidige
nicht durch deine Raserey höhere Geister;

die meinem Winke gehorchen. Aus dem,
was ich gethan, fchliefse auf das, was ich
thun kann. Wirft du diefen Prinzen, dem
ich im Traum' erfchienen, den ich felbft zu
deinem Eilande gewiefen, und überall begleitet habe, lieben, fo foll nicht nur alle
Hoheit und Reichthum, fo dir dein Liebhaber verfprochen, zehnfach auf dich und ihn
kommen, fondern deine Schönheit foll fich
taufendfältig vermehren, dafs du unferer
grofsen Königinn, der Beherrfcherinn der
Feen, und Gemahlinn Oberons, Titanien
gleicheft, und alle Menfchen fagen müffen,
dafs nie eine Sterbliche fo fchön gewefen.
Sieh hier dein Glück, und wähle!

GERTR. Ich habe gewählt.

MARB. Und was?

GERTR. Meinen Walmir.

NODOB. Wähle nochmahls, meine Tochter! Die höchfte Macht, der gröfste Reichthum, die gröfste Schönheit! —

GERTR. Ich habe gewählt.

MARB. Graufame! zittre! — Meine Liebe wird Wuth. Ich habe dich geliebt; ich
habe dir Jahre zur Bedenkzeit gegeben; ich
biethe dir mein Reich, Hoheit, alles, alles
an; diefer ehrliche Alte, den mir ein

Gott geſchickt, legt allen dieſen noch die
Schönheit bey; und nichts bändigt deinen Eigenſinn? Du haſt mich als Liebhaber geſehen; ſieh mich nunmehr als König!— Mache dich bereit! In einer Stunde erwarte ich dein Jawort, oder du den
Tod!—

NADOB. Ja, Gertraud! die Zeit der Güte iſt vorbey. Eine Stunde noch — und
dann iſt dein und unſer Schickſal ent-
ſchieden.

DUETT.

NADOBOI.

Bald, Gertraud! bald ſoll meine Macht,
Die du aus eitlem Stolz verlacht,
Den Eigenſinn dir brechen!

MARBOTT.

Von meinem Eifer übermannt,
Wird bald ſich die verſchmähte Hand
In deinem Blute rächen!

NADOBOI.

Vor mir bückt ſich die Geiſterwelt,

MARBOTT.

Vor mir erzittert jeder Held,

BEYDE.

Und ehrt, was ich befehle.

NADOBOI.

Nur du verachteſt mein Geboth?

MARBOTT.

Nur du verſpotteſt meine Noth?

BEYDE.

Entferne dich, und wähle
Gehorſam oder Tod!

CHOR DES GEFOLGES.

Ihres Raubs gewiſſer Sieger,
Zeigt die Liebe eine Seite,
Die ſchmeichelnd uns täuſcht:
Aber nimm ihr ihre Beute;
Und es wird aus ihr ein Tieger,
Der alles zerfleiſcht.

GERTR. Kommt, meine Kinder!

MARB. Ich erwarte dich in einer Stunde. (*zum Nadoboi.*) Komm, guter Alter!
wir wollen indeſs berathſchlägen.

DRITTER AUFZUG.

ERSTER AUFTRITT.

TURBAN, MARBOTT.

TURBAN.

Unſer Gehülfe, der Herr Zauberer, bleibt ein wenig lange bey Gertraud. Wenn er nicht einen rechten grauen Bart hätte, ſo könnten wir auf böſe Gedanken kommen.

MARB. Was hältſt du von ihrer Auffüh-rung? Ich erſtaune über die Standhaftig-keit! Überlege ein Mahl: ſie lebt auf dieſer wüſten Inſel; ihr Mann iſt in einen Stein verwandelt; alle Hoffnung, ihn jemahls wieder zu ſehen, iſt ihr benommen. Ich komme zu ihr; ich biethe ihr Schätze, Ho-heit, Macht an: ſie ſchlägt alles aus; den höchſten Grad des Glücks ſogar, den ſich ein Weib wünſchen kann, die Schönheit; und keine geringere Schönheit, als Tita-

niens, einer Göttinn , einer Königinn der
Feen, macht keinen Eindruck auf fie: wird
es wohl die Furcht des Todes thun? Was
denkft du?

TURB. Was ich denke? Ich denke, wir
haben noch nicht bey ihr das rechte Pünct-
chen getroffen : wenn wir das treffen, fo
wird die Sprödigkeit verfchwinden, und ich
will's noch erleben, dafs fie die Statue ins
Meer verwünfcht ; damit der Mann nur
nicht wieder kommt.

MARB. Kann ich es höher treiben, als
wenn ich ihr den Tod drohe?

TURB. Freylich ift es ein grofser Punct.
Hat fie ihn aber fchon überftanden?

Wer will in die Weiber fich finden?
So fchnell, wie Gefpenfter verfchwinden,
Verfliegt ihre Treu'.
   Wie manchem Mann ift wohl zu Muthe!
   Itzt, denkt er, greif ich nach dem Hute;
   Und kriegt ein Geweih!
Wer will in die Weiber fich finden?
So fchnell, wie Gefpenfter verfchwinden,
Verfliegt ihre Treu'.

ZWEYTER AUFTRITT.

ADELGUNDE , PHILIBERT UND DIE VORIGEN.

MARB. Warum weint ihr? hat eure Mutter ſich entſchloſſen?

ADELG. (*fällt vor ihm nieder.*) Ach Gnade! Gnade — wenn ihr Menſchen ſeyd! Was hat dir meine Mutter gethan? iſt ſie auf deine Inſel gekommen? hat ſie dich gegen deine Frau, wenn du eine haſt, treulos machen wollen? Warum ſoll ſie ſterben?

MARB. So bald ſie mich liebt , ſoll ſie leben.

ADELG. UND PHIL. Wir wollen dich für unſre Mutter lieben.

TURB. Ein artiger Tauſch!

MARB. Das nehme ich nicht an. *Sie* muſs mich lieben, oder *ſie* muſs ſterben! Wollt ihr etwa auch für ſie ſterben?

ADELG.) Warum nicht.?
PHIL.) Mit Freuden.

MARB. Ihr ſollt die Freude haben; aber eure Mutter wird euch folgen!

ADELG. Nein, ſie ſoll nicht folgen. Wir wollen für ſie den Tod leiden.

MARB. Ohne fie nicht, aber mit ihr.

PHIL. Alfo kann dich nichts erweichen?

ADELG. Meine Thränen, meine Klagen, mein Unglück, das Andenken meines Vaters, meine Kindheit, nichts erbarmt dich?

MARB. Nichts!

ADELG. Ach! du haft keine Mutter gehabt!

PHIL. Wenn er eine Mutter gehabt hätte, fo würde ihn unfer Unglück rühren. Ach Marbott, erbarme dich! Soll ich denn diefes Meer um Barmherzigkeit anflehen, da du uns nicht hörft?

TURB. Ich werde ganz weichherzig! (*wifcht fich die Augen.*)

MARB. Entfernt euch! Eure Bitten find umfonft. Liebe oder Tod!

PHILIBERT.

Wo ift ein Retter
In diefen Gefahren?
Wer fchützt mich Armen
Vor diefes Barbaren
Entfetzlicher Wuth?

Ach! wenn ihr Götter
Im Himmel noch waltet;
So tragt Erbarmen,

Und eilt, und erhaltet
Unſchuldiges Blut!
Wo iſt ein Retter
In dieſen Gefahren?
Wer ſchützt mich Armen
Vor dieſes Barbaren
Entſetzlicher Wuth?

(geht nebſt Adelgunden ab.)

DRITTER AUFTRITT.

TURBAN, MARBOTT.

TURB. Du muſt ein Felſenherz haben!
Die Kinder haben mir alles angebrannte
Herzeleid angethan; meinen Bart haben ſie
mir zerzauſt, und ich hätte bey einem
Haare weinen müſſen.

MARB. Ihre Noth geht mir zu Herzen:
aber ich kann ihnen nicht helfen! Gewiſs
hatte ſie Gertraud abgeſchickt. Freylich mag
ihr der Tod nicht ſchmecken, und doch will
ihr Ehrgeiz nicht nachgeben! Je nun! vielleicht ſind wir näher beym Ziele, als wir
glauben. Sieh da! da kömmt unſer ehrwür-
diger Zauberer; wir wollen bald gewiſſer
werden.

VIERTER AUFTRITT.

NADOBOI und die VORIGEN.

MARB. Nun, wie find die Afpecten?

NADOB. Ziemlich fchlecht.

TURB. Ein böfer Prophet!

MARB. Zu was hat fie fich entfchloffen?
Zur Liebe oder zum Tode?

NADOB. Ich weifs es felbft nicht.

Ich möchte fingen oder fagen,
Sie fchrecken oder fie beklagen,
Es war mit ihr fo viel, als nichts, gethan:
  Wenn ich ihr Luft zur Liebe' machte,
  Fing fie ein Sterbeliedchen an;
  Und wenn ich an den Tod gedachte,
  So redte fie von ihrem Mann.
Ich möchte fingen oder fagen,
Sie fchrecken oder fie beklagen,
Es war mit ihr fo viel, als nichts, gethan.

MARB. Haft du ihr die Schrecken des Todes fürchterlich genug abgemahlt?

NADOB. So fürchterlich, als möglich.

TURB. Mit Erlaubnifs ein Wort zu reden! Es ift ganz gut, dafs die Statue ihres

Mannes weg ift; fie möchte doch wohl am
Ende mehr fehen, als eben alle Mahl die
Ehemänner fehen wollen.

NADOB. Warum?

TURB. Wenn ich anders gut prophezeyen
kann, fo geht es ans Ende. Wenn die Schö-
nen unruhig werden, haben die Junggefel-
len gewonnen.

MARB. Du follft mein Leibprophet werden. (*zu Nadoboi.*) Aber was glaubft du
von diefer Aufführung?

NADOB. Entweder ift Gertraud das aller-
niederträchtigfte Gefchöpf unter der Sonne,
oder alle menfchlichen Nahmen find ihrer
unwürdig.

TURBAN. Ob es nicht auf meine Rede
kommt!

MARB. Aber, wenn fie zum Tode entfchloffen ift, warum zaudert fie?

NADOB. Nicht zu voreilig! Weifst du
denn, ob ihre Unentfchlüffigkeit aus Furcht
herkommt?

MARB. Aus was fonft?

NADOB. Vielleicht blofs aus einer Begierde, fich zu diefem grofsen Schritte würdig
vorzubereiten. Sie bath mich, fie zu verlaffen, und der Zuftand, in dem ich fie ver-

liefs, liefs mich wenig Hoffnung fchöpfen.
Als ich wegging, kamen ihre Kinder: fie
weinten und flehten — wenn diefer Anblick
fie nicht bewegt, fo ift alles umfonft.

NARB. *(Nach einigem Nachfinnen.)* Die
Zeit ift verftrichen. *(zu Turban.)* Frage fie
um ihren Entfchlufs!

NADOB. Du gehft zu weit. Sie hat mir
verfprochen, mich hier zu finden; und fie
hintergeht uns nicht.

TURB. *(der bis ans Ende der Scene ge-*
gangen.) Es ift doch gut, wenn man fich
einen Gang erfparen kann. Da kommt fie
felbft. Wenn ich an ihrer Stelle wäre, ich
fchickte für mich einen andern.

NADOB. *(zu Turban.)* Geb ans Geftade,
und befiehl dem Gefolge, den Opferaltar
herbey zu fchaffen.

(Turban geht ab.)

FÜNFTER AUFTRITT.

GERTRAUD, PHILIBERT, ADEL-
GUNDE und die VORIGEN.

MARD. (*der ihr entgegen geht.*) Weine nicht, Liebenswürdige! Ich bin noch dein Freund. Es steht bey dir, den Tod mit allen Glückseligkeiten der Welt zu vertauschen. Höre die Stimme meiner Liebe! Wo nicht, so höre die Klagen deiner Kinder! Mein Entschluß ist gefaßt, und ich kann ihn nicht ändern!

GERTR. Auch der meinige ist gefaßt, und nichts wird ihn ändern!

MARB. Liebe oder Tod?

GERTR. (*lächelnd.*) Und du fragst noch?

MARB. (*Will sie umarmen.*) O! du gibst mir mein Leben!

GERTR. Zurück, Verwegener! ich will sterben!

MARB. Weißt du, was du sagst? Weißt du die Qualen, die dich erwarten?

GERTR. Ich bin bereit. Was soll ich fürchten?

PHIL. Ach meine Mutter!

ADELG. Barbar! laß dich bewegen.

NADOB. Schweigt, oder redet eurer Mutter zu!

MARBOTT.

Ach trage mit dir felbſt Erbarmen,
Eb’ ich dich ewig meiden muſs.
Nur meine Liebe zwingt mich Armen
Zu diefem ſchrecklichen Entſchluſs.
Mein ſprödes Kind! der Tod iſt bitter!
Man fagt fo leichtlich Ja, als Nein.
Auch der Geringſte meiner Ritter
Iſt beſſer, als ein Mann von Stein.

GERTR. Dein Zureden iſt umſonſt. Ich habe dir meinen Entſchluſs geſagt.

NADOB. Weiſst du aber auch die Art deines Todes?

GERTR. Die überlaſſe ich euch.

SECHSTER AUFTRITT.

TURBAN, DAS GEFOLGE UND DIE VORIGEN.

(Sie bringen den Altar, und bleiben in einiger Entfernung stehen.)

MARB. Hierher!

TURB. Das geht warm zu!

MARB. Sieh, Gertraud! *(weiset auf den Altar.)* Das ist dein Bräutigam!

GERTR. Und was wird man mit mir vornehmen?

NADOB. *(zieht ein Meſſer hervor.)* Dieſs Meſſer wird dir die Art deines Todes erklären. Es ſoll deine Adern zerreiſsen; und wenn jede Ader mit ſiebenfachem Tode ausgeblutet iſt, dann ſoll von dieſem Altare dein Leib in Flammen empor wallen, und deine Aſche ins Meer geſtreuet werden.

TURB. Hu! *(er ſchüttelt ſich.)*

GERTR. Ich danke euch. Aber wer wird meine Kinder erziehen?

MARB. Sie werden dir folgen!

GERTR. Auch meine Kinder follen ein Opfer eurer Graufamkeit werden?

NADOB. Die Änderung deines Entfchluf-fes kann dir und ihnen das Leben retten.

PHIL. Nein, ich will fterben!

ADELG. Ich will meiner Mutter folgen. Du empfangſt mich doch in dem Lande, wovon du uns ſo viel geſagt haſt? Nicht wahr, meine gute Mutter?

GERTR. Seyd mir geſegnet, meine Kin-der! *(ſie umarmet ſie.)* Ihr ſeyd meiner würdig.

MARB. Sieh, Gertraud! die Zeit iſt da! Glaube nicht, daſs wir weiter ſcherzen. Ich erwarte nunmehr deinen letzten Entfchluſs: deine Hand oder dein Blut!

GERTRAUD.

Unfchreckhaft, wie der Götter Rache,
Die dir, Barbar, und deiner Rotte
Den Untergang droht,
Verwerf' ich deine Hand, und wähle
Mit Jauchzen den Tod.
Bereite meine Qual! ich ſpotte.
Durchſtofſe dieſe Bruſt! ich lache.
Verräthern dräut Schmerz!

Für eine tugendhafte Seele
Sind Foltern ein Scherz.
Unfchreckhaft, wie der Götter Rache,
Die dir, Barbar, und deiner Rotte
Den Untergang droht,
Verwerf' ich deine Hand, und wähle
Mit Jauchzen den Tod.

MARB. O Gertraud, wie nachfehend ift
ein Liebhaber! Dein Trotz follte meine
ganze Rache entflammen, und meine Liebe biethet dir aufs neue ihre ganze Zärt-
lichkeit an. Ach lafs dich doch endlich
bewegen!

GERTR. Zaghafter! du zitterft? Vollbrin-
ge die fchöne That!

NADOB. Mifsbrauche die Zeit der Güte
nicht, Gertraud! Ein entfetzlicher Tod erwartet dich. Ich kann ihn nicht befchreiben:
nein, ich kann ihn nicht befchreiben!

GERTR. Und ich werde ihn leiden.

MARB. Es ift wenig Zeit mehr übrig.
Ehe die Sonne den Gipfel jenes Felfen er-
reicht, bift du des Todes. Höre, Gertraud! das letzte Mahl ruft dir die Stimme
des Liebhabers.

NADOBOI.

Schon fiehft du die Rechte zum Opfer
erhoben!

Schon dürftet diefs Meffer dein Blut zu
verfpritzen!

Schon flammt der Altar!

Wie lange wird die Rache noch ver-
fchoben?

Erwarten wir ein Wunder , dich zu
fchützen

In diefer Gefahr?

Schon fiehft du die Rechte zum Opfer
erhoben!

Schon dürftet diefs Meffer dein Blut zu
verfpritzen!

Schon flammt der Altar!

GERTR. Ich will eure Freude nicht länger verzögern. Aber ehe ich fterbe, fo erlaubt mir eine Bitte; und ich will aus ihrer Gewährung fehen , ob ihr noch eines
menfchlichen Gefühls fähig feyd.

MARB. Wenn du weder dein noch deiner
Kinder Leben verlangeft; wenn uns beyden
deine Bitte nicht zum Nachtheile gereicht,
fo fey fie gewährt.

GERTR. Du kannſt ſie mir nicht gewähren; aber dieſer Alte.

NADOB. Ich ſchwöre dir ſie unter dieſen Bedingungen zu.

GERTR. Nun wohlan! ſo laſs mich vor meinem Tode nochmahls die Statue meines Mannes ſehen. Ich will ſie umarmen; ich will von meinen Kindern Abſchied nehmen, und dann mit Freuden ſterben.

(*Walmirs Statue ſteht wieder da.*)

NADOB. Sieh ſie!

GERTR. O mein Gemahl! (*Sie fällt bey der Statue nieder, umarmt ſie, und ſingt:*)

Sey mir, ſüſser Tod, willkommen!
Was entzückt mich mehr, als du?
Aller eitlen Angſt entnommen,
Flieg' ich meinem Walmir zu!
Du geliebter Schatten
Meines holden Gatten,
Weih' dem Opfer einen Blick!
Deine Gertraud, deine Freundinn
Eilt zum Glück.

MARR. (*Mit verbiſsner Wehmuth.*) Ich halte es nicht länger aus!

GERTR. Kommt her, meine Kinder! Um-

armt mich, und folgt mir herzhaft nach!
(*zu Marbott.*) Ich bin bereit.

NADOR. Komm hierher! (*Zu den Kin-*
dern.) Tretet ihr zur Seite!

> (*Er setzt jedem eine Binde auf das*
> *Haupt. Das Gefolge fällt in einem*
> *Kreise um den Altar nieder. Na-*
> *doboi singt:*)

Mit dieser Binde weih' ich dem Oberon,
Der Geister König, und der Titania,
Bey deren Ruhm die Feen schwören,
Diese dem Tode geweihten Opfer.

DAS GEFOLGE.

> (*Es steht auf, tanzt um den Altar, und*
> *singt unter dem Tanze folgendes:*)

CHOR.

Nehmt sie, ihr Geister! nehmt sie ge-
fällig an!
Blut ihre Mitgift, ächzen sie, jammer-
voll
In ihres Bräut'gams, der Vernichtung,
Glüh'nden Umarmungen zu verzweifeln.

> (*Während daß der Chor die letzten*
> *Worte singt, entzündet sich der*
> *Altar; die Scene verwandelt sich*

*in einen Tempel; Marbott, Na-
doboi und Turban, der erste in
den Oberon, der zweyte in Titanien, der dritte in den Puck, das
Gefolge in Geister und Feen,
und Walmirs Statue fängt an zu
leben.)*

LETZTER AUFTRITT.

WALMIR und DIE VORIGEN.

WALMIR.

Wo bin ich? ich lebe?

Wo war ich, ihr Götter?

Bist du es, Betrübte?

Seyd ihr es, Geliebte?

O seliger Tag!

  Erhebe mein Gesang, erhebe

  Mit lautem Jauchzen deine Retter!

  Ich kann des Tages Licht geniefsen:

  Die dicken Nächte sind zerrissen,

  Worin ich lag.

Wo bin ich? ich lebe?

Wo war ich, ihr Götter?

Bist du es, Betrübte?

Seyd ihr es, Geliebte?

O seliger Tag!

TITAN. (*Zu Gertraud, die fühllos da
steht.*) Und du zauderst, deinen Gemahl
zu umarmen?

GERTR. (*fällt in Walmirs Arme.*) O mein
Gemahl! —

WALM. Sey mir gesegnet! (*Er umarmt
sie.*)

(*Philibert und Adelgunde fallen
ihm, ohne ein Wort zu reden,
um den Hals.*)

WALM. Meine Kinder! (*er besieht sich.*)
Wer hat mich bekränzt?

PHIL. UND ADELG. Wir, mein Vater!

WALM. (*zu Oberon und Titanien.*) Wer
seyd ihr? Seyd ihr Söhne der Erde oder
Götter? Seyd ihr meine Erretter?

OBER. (*weiset auf Gertraud.*) Diefs ist
dein Erretter.

WALM. Meine Gemahlinn? Meine Gertraud?

TITAN. Ja, deine Gertraud.

WALM. Und durch was?

TITAN. Durch ihre Treue gegen dich.

WALM. Aber wer hat mich denn in Stein
verwandelt?

OBER. Ich.

WALM. Du?

OBER. Ja, ich.

WALM. Wer bist du?

OBER. Oberon, der König der Geister und Feen.

WALM. Und warum?

TITAN. Zu meiner Rechtfertigung.

WALM. Wer bist du?

TITAN. Oberons Gemahlinn, Titania.

PUCK. Und ich bin Oberons unwürdiger Diener, Puck. Hast du nichts von mir gehört?

WALM. Titania, von welcher Rechtferfertigung redest du?

TITAN. Von der Rechtfertigung unsrer Treue.

WALM. Ich verstehe euch nicht.

OBER. Du sollst uns bald verstehen. Diese meine Gemahlinn Titania vertheidigte gegen mich die Treue der Weiber. Ich behauptete, daß auf der ganzen Erde kein treues Frauenzimmer gefunden würde. Wir gingen eine Wette ein. Deine Gertraud ward zur Probe ersehen. Ich verwandelte dich in einen Stein, und forderte als Ritter Gertrauds Liebe. Ich both ihr Geschenke an; ich suchte sie durch Ehrgeiz zu gewinnen; alles war umsonst. Meine Gemah-

linn , in der Perſon eines Zauberers , un-
terſtützte meine Verſuchung : aber ſie blieb
treu. Siehſt du dieſen Altar?

WALM. Ja , ich ſehe ihn , und —

OBER. Dieſes war der letzte Anfall auf
ihre Standhaftigkeit. Sie ſollte geopfert werden. Der Altar flammte ; die heilige Binde
umgab ihr Haupt; ſie ward zum Opfer ge-
weiht; allein ihre Kinder, ſo wie ſie zum Tode entſchloſſen, ihr zur Seite, ſpottete ſie dem
Tode. Ich habe meine Wette verloren, und
du, Walmir, biſt der Glücklichſte auf Erden !

WALM. (*fällt Gertraud um den Hals.*) O
mein Leben! ich bin dein unwürdig!

GERTR. Liebſter Walmir!

TITANIA.

Die Wette bleibt mein!
Der Schaden iſt dein!
Stell' mehrere an!
Ziſch' aus, lieber Mann!

 So lang' uns noch keiner bewachte,
 War jedem ſein Weibchen getreu.
 Den erſten, der Weiber verdachte,
 Bekrönte das erſte Geweih'.

Die Wette bleibt mein!
Der Schaden iſt dein!

Stell' mehrere an!

Zifch' aus, lieber Mann!

OBER. Lofes Kind! (*zu Walmir*) Liebßer Walmir, die Schrecken, die ich deiner Gertraud gemacht, und das Ungemach deiner langen Bezauberung erfordern von mir Erkenntlichkeit; aber was kann ich dir mehr geben, als deine Gertraud?

WALM. Aufser ihr verlange ich nichts. Willßt du mir aber etwas gewähren, fo bringe mich und meine andre Seele wieder auf unfre vorige Infel.

TITAN. Du bißt auf ihr.

WALM. Auf meiner Infel war kein Tempel. Von niederträchtigen Betriegern mit meiner Gertraud auf ihr ausgefetzt, hatte ich, aufser meinem Fleifse und einer kleinen Hütte, nichts.

OBER. Es ißt deine Infel. Diefen Tempel, in dem du dich fiehßt, hat ein Wink von mir hervor gebracht. Aber er wird nie wieder verfchwinden. Er foll eure Wohnung feyn, und diefer Altar, der nach dem Blute deiner Gertraud lechzte, ein ewiger Zeuge der ehelichen Treue. Die Erde foll euch freywillig mit allem verforgen, was ihr braucht, und eine ßäte Ruhe euren Um-

armungen fchmeicheln. Erzieht eure liebenswürdigen Kinder; auch ihr Glück hat
der Himmel befchloffen.

puck. Nun hätte alles feine gute Rich-
tigkeit. Aber was kriegt denn der arme Puck
für feine Waffenträgerftelle?

ober. Nichts.

puck. Ein gewöhnlicher Ehrenpfennig.
So ift es meinen Vorgängern gegangen,
und fo wird es meinen Nachfolgern gehen!
Einer wird geprellt; dem andern reifst man
den Bart aus; dem dritten — meinetwegen
mögen fie mit ihm machen, was fie wollen!
Gute Nacht, Ritterfchaft! ich lobe mir die
Geifter!

titan. Umarmt euch, Liebenswürdige!
Fühlt ganz euer Glück!

walm. Anbethungswürdige Gertraud!

gertr. Liebenswürdiger Walmir! O wie
leicht mufste mir der Tod um dich werden!

WALMIR und GERTRAUD.

DUETT.

WALMIR.
O könnt' ich dich ewig umfchliefsen,

GERTRAUD.

O könnt' ich hier ewig dich küſſen,

WALMIR.

Wie dich mein Arm umſchlieſst!

GERTRAUD.

Wie jetzt mein Mund dich küſst!

BEYDE.

Kann je mein Herz dich gnug verehren?

WALMIR.

Auch Kronen ſind für dich zu wenig!

GERTRAUD.

O! was iſt gegen dich ein König?

WALMIR.

Dich, die mich ihrer würdig hält.

GERTRAUD.

Dich, der mich ſeiner würdig hält.

WALMIR.

Wenn alle Weiber Gertrauds wären,

GERTRAUD.

Wenn alle Männer Walmirs wären,

BEYDE.

So wär' der Himmel auf der Welt!

DIVERTISSEMENT.

OBERON.

So bald ein junger Ehemann

Mit kargern Händen gibt;
So gehn der Weiber Klagen an,
Daſs man ſie nicht mehr liebt.
Der Mann mag noch ſo zärtlich ſeyn;
Die junge Frau ſchwört Stein und Bein!
Was ſoll ſie überführen?

CHOR.

Sie muſs den Mann probiren!

TITANIA.

So bald dem jungen Ehemann
Die Braut den Kranz geſchenkt;
So bald ficht ihn der Vorwitz an,
Daſs er die Frau verdenkt.
Ein jeder Wink nährt den Verdacht;
Er ſchmollt, ſie ſcherzt: er ſeufzt, ſie
lacht.
Was ſoll ihn überführen?

CHOR.

Er muſs die Frau probiren!

OBERON.

Finettens ſchwere Krankheit wich
Des Schneiders Panacee:
Ihr Mann, für Freuden auſser ſich,
Hüpft, wie ein junges Reh.
Doch glaubt ſein Weibchen ſteif und feſt,
Daſs es ihm nicht natürlich läſst.
Was ſoll ſie überführen?

CHOR.

Sie muſs den Mann probiren!

TITANIA.

Den Mann, für Bitten und für Geld,
Bringt Chloris heut zur Ruh';
Und heut ſchwört Chloris aller Welt
Auf ewig Keuſchheit zu.
Von allen, die zur Leiche gehn,
Will keiner doch für morgen ſtehn.
Was ſoll ſie überführen?

CHOR.

Man muſs die Frau probiren!

PUCK.

Wo man nicht lacht, bin ich nicht gern.
Dieſs Spiel war nicht für mich!
Vielleicht denkt mancher von den Herrn,
Die unten ſtehn, wie ich.
Der Dichter dacht' euch zu erfreu'n.
Ein ſchöner Weg! ich ſage: Nein!
Wer ſoll hier decidiren?

CHOR.

Man kann es ja probiren!

Ballet der Geiſter und Feen.

JE UNNATÜRLICHER,
JE BESSER.

EINE

KOMISCHE OPER

IN DREY AUFZÜGEN.

Nil mortale loquar.

HORATIUS.

VORBERICHT.

Folgende theatralische Kleinigkeit ist meisten Theils die Frucht eines halbjährigen Aufenthalts des Verfassers in seiner Heimath, wo er im vorigen Sommer eine traurige Krankheit durch das Landleben zu erleichtern suchte. Er erinnert es, weil man seinem *Schäfer* den *ramlerischen Batteux* ansehen wird, der beynahe seine ganze Bibliothek ausmachte. *Schäfer, Ritter, Robinson und übertriebene Moralität*, vier Geschöpfe, worein die Einbildungskraft zu verschiedenen Zeiten den wahren Menschen verkleidet, waren immer Stoff genug zu einer Farce, bey der sich einzig und allein der Verfasser zu zerstreuen wünschte. Ihre öffentliche Erscheinung ist mehr nachgebend, als freywillig. Die Ermunterung einiger Freunde — doch wir kommen in den Ton unsrer Vorreden; und das hiefse Sünde mit Sünde häufen!

PERSONEN.

ARMIDE, Zaubergöttinn.

PHILINT, ihr Sohn.

IRENE, feine Geliebte.

RHIZANDER, ein Zauberer.

EIN NIX.

EIN SALAMANDER.

EIN KOBOLD.

EIN SYLPH.

MORO, Rhizanders Gehülfe.

EIN SCHÄFER.

EIN RITTER.

EIN ROBINSON.

Der Schauplatz ift in Rhizanders Zauberwalde.

JE UNNATÜRLICHER,
JE BESSER.

EINE KOMISCHE OPER.

———◆———

*Der Schauplatz stellt Rhizanders Zauber-
höhle vor. Auf dem Boden sind magi-
sche Zirkel und Charaktere. Im Grunde der Bühne, der unerhellt bleibt,
steht ein Altar. Den vordern Theil er-
leuchten Lampen.*

———————————

ERSTER AUFZUG.

ERSTER AUFTRITT.

RHIZANEER. MORO.

RHIZANDER. *(erschrocken.)*
St — horch! — hörst du nichts?

MORO. *(zitternd.)* Hört ihr was? —
(springt aus dem Zauberkreise.)

RHIZAND. Wohin? — Wohin? —

MORO. Je weiter, je besser!

RHIZAND. Willſt du warten!

MORO. Daſs ich ein Narr wäre!

RHIZAND. Laſs dir's nicht zwey Mahl heiſsen!

MORO. Lieber hundert Mahl, als ein Mahl den Hals brechen!

RHIZAND. *(berührt ihn mit ſeinem Stabe.)* So lauf hin, wenn du nicht bleiben kannſt!

MORO. *(der in einer lächerlichen Poſitur plötzlich ſteif wird.*

Seht mir doch den Gaukler an,
Wie der Gaukler gaukeln kann!
Alle meine Glieder beben!
Nicht ein Füſschen kann ich heben —
Keinen Finger kann ich zucken —
Weder ſeit - noch rückwärts gucken —
Seht mir doch den Gaukler an,
Wie der Gaukler gaukeln kann!

RHIZAND. *(drohend.)* Der Himmel laſſe dir rathen! — Habe ich nicht ohne dieſs Angſt genug? muſst du Schlingel mir noch welche machen? —

MORO. *(in ſich.)* Wie wir's treiben, ſo geht's!

RHIZAND. Was war das?

MORO. Mein Bein da! — Wie ich's fetz-
te, fo fteht's!

RHIZAND. Mache mir nichts weifs. Ich
verftehe alles! — Kann ich dafür, dafs —

MORO. Wer fagt denn das! — Wenn die
Liebe einen fchleyerfchneeweifsen Bart
überrumpelt, könnt ihr dafür? — wenn ein
junger Gelbfchnabel einen zwanzigjährigen
Burfchen einem glatzköpfigen Sünder vor-
zieht, könnt ihr dafür? — wenn der Narr von
einem Mädchen fich über des Alten Unver-
fchämtheit den Tod an den Hals ärgert,
könnt ihr dafür? — wenn — (zu Rhizandern,
der drohend den Stab hebt) lafst mich ausre-
den! — wenn der alte Schlaukopf entweder das Mädchen wieder vom Tode erwecken, oder widrigen Falls felbft ins Gras
beifsen foll, diefes nicht will, und jenes
nicht kann; könnt ihr dafür? — wenn endlich, mit Manier aus dem Handel zu kommen, ein Narr wie ein Narr redet —

RHIZAND. Und der Weife ihm (er fchlägt
ihn mit dem Stabe) nach feiner Narrheit ant-
wortet —

MORO. (der dadurch wieder entzaubert
wird, mit einem Luftfprunge.) Könnt ihr
dafür? Ha, ha, ha!

Drum wuſt' ich nicht, warum Cupid
Mich mit Viſiten quälte!
Der Vogel, der wie Falken ſieht,
Sah wohl, was Cypern fehlte.
Ein Geck, wie ihr, zum luſt'gen Rath
Beym Nachtiſch oder Weine!
Weil er nun keine Kappe hat,
Spitzt ſich der Schalk auf meine.

RHIZAND. (*ſieht ihn beweglich an*) Moro!
MORO. (*nachſpottend*) Rhizander!

RHIZAND. (*im vorigen Tone*) Sey nicht un-
dankbar! — (*ſieht ſich plötzlich um.*)

MORO. (*zwey Sätze zurück.*) Was
gibts? —

RHIZAND. Ich weiſs ſelbſt nicht, wie mir
iſt. — Die Thüren ſind doch verſchloſſen? —
Schläft Philint?

MORO. Hart und feſt.

RHIZAND. Glücklicher Philint! Nur ich
kenne keine Ruhe! die dritte Nacht iſt da —
Der Morgen ſieht Irenen erweckt, oder
mich todt. — Dort verfolgt mich der Schatten der Verblichenen, hier der Ausſpruch
der Göttinn. Zwey Mahl haben die Geiſter
meine Hoffnung getäuſcht — mein Zauber-
ring iſt verloren —

MORO. (*stutzig*) Der Ring mit dem schwar-
zen Stein?

RHIZAND. (*hastig*) Kennst du ihn?

MORO. Die Einfassung sieht aus, wie ein
Paar kämpfende Drachen?

RHIZAND. Der nähmliche! Und du hast
ihn gesehen?

MORO. Warum das nicht — Auf dem
Steine ist ein Fixfax hin, der andre her?

RHIZAND. (*entzückt*) Bester Moro! —

MORO. (*bückt sich tief*) Unterthänigster
Knecht! — Ich werde doch nicht blind
seyn! — Er lag hinter dem Altare beym
Farrenkraute —

RHIZAND. Es ist unmöglich! —

MORD. In der Welt ist viel möglich —
War er euch denn recht lieb — recht sehr
lieb?

RHIZAND. Wie mein Leben. Er heißt
der Untrügliche, und er ist es. Die Aufga-
be sey, welche sie sey; wer ihn bey sich
trägt, wird keiner andern Auflösung be-
dürfen.

MORO. Sollte man sich's träumen lassen! —
je, je! über den schnakischen Ring! —
Und den habt ihr verloren? —

RHIZAND. Ja, mein bester Freund! und

mit ihm alles! — Dank fey dem Himmel,
der dich zu feiner Rettung erfehen!

MORO. Mich?

RHIZAND. Dich, dich! mein theuerfter,
unfchätzbarer Freund!

MORO. (*fchüttelt den Kopf*) Davon ich
nichts weifs.

RHIZAND. Vogel! Vogel! nur her damit!

MORO. Wenn ich aber nichts habe.

RHIZAND. Scherz bey Seite! — mach'
fort!

MORO. Scherz bey Seite, oder Ernft bey
Seite! was ich nicht habe, habe ich nicht:
und hiermit das Lied vom Ende! —

DUETT.

RHIZANDER.

Kerl! bey meinem grauen Kopfe!
MORO.
Herr! bey meinem feiften Kropfe!
RHIZANDER.
Gib den Ring her, Ungetreuer!
MORO.
Lafst mir Frieden, Ungeheuer!

BEYDE.

Oder ich ⎱ ermorde dich!
⎰ empfehle mich!

RHIZANDER.

Soll ich diefes Kleinod miffen?

MORO.

Soll ich alle Ringe wiffen?

RHIZANDER.

G'nug, der Ring ift mir geftohlen!

MORO.

Aber mir nicht anbefohlen!

RHIZANDER.

Niemand ftiehlt mir fonft im Haufe!

MORO.

Alfo denkt ihr, dafs ich maufe?

RHIZANDER.

Kerl! bey meinem grauen Kopfe!

MORO.

Herr! bey meinem feiften Kropfe!

RHIZANDER,

Gib den Ring her, Ungetreuer!

MORO.

Lafst mir Frieden, Ungeheuer!

BEYDE.

Oder ich ⎱ ermorde dich!
⎰ empfehle mich!

(man hört ein Geräufch.)

MORO. Alle guten Geifter!

(fpringt in einen Winkel, und zit-
tert. Rhizander wirft für Schre-
cken den Zauberftab weg, und
fällt vor dem Altare nieder.

ZWEYTER AUFTRITT.

ARMIDE, RHIZANDER, MORO.

(Armide kömmt in der Geftalt einer klei-
nen Flamme auf den Altar hernieder.
Die ganze Szene über, in der fie mit
Rhizandern fpricht, bleibt ihre Rede
ungehört. Moro macht indefs im
Winkel die Pantomime eines Furcht-
famen, der für Angft weder aus
noch ein weifs.)

ARMIDE. — —

RHIZAND. Ich höre deine Stimme, Göttinn! und zittre. —

ARMIDE. — —

RHIZAND. Noch nicht, fchreckliche Armide! — Alle meine Anfchläge, alle Macht
der mir von dir anvertrauten Geifter unter-
liegt der Gröfse deines Befehls!

ARMIDE. — —

RHIZAND. Allerdings, gerechte Göttinn!
Meine Ausfchweifungen haben mich felbft in
diefs Unglück geftürzt, haben dir das Recht
gegeben, das Leben, das theure Leben diefes unfchätzbaren Mädchens von meiner
Hand zu fordern.

ARMIDE. — —

RHIZAND. Ich erkenne es, und bereue.
Du gabft fie mir nicht, um durch fchändli-
che Zumuthungen ihr Leben zu verkürzen,
fondern durch eine unfchuldige Erziehung
in diefem Walde durch ihres das Glück
deines Sohnes, meines geliebten Philints,
zu befeftigen.

ARMIDE. — —

RHIZAND. Leider ift fie da; und eben wollte ich das letzte Mahl meine Geifter ver-
fammeln, um durch Irenens Erweckung
den künftigen Morgen zu der Quelle meines Glücks, wo nicht — Verderbens zu machen! — Aber vermag ein Sterblicher, was
keine Göttinn vermag?

ARMIDE. — —

(eine längere Paufe.)

RHIZAND. Ich danke dir, Göttinn! Aber
ift das Erleichterung? Du verlängerft einen

unerreichlichen Zweck durch ein noch uner-
reichlicheres Mittel. Wo finde ich das Unnatürlichſte der Erde? und, wenn ich es finde,
woher weiſs ich, daſs ich es gefunden?

ARMIDE. — —.

RHIZAND. *(mit Enthuſiasmus.)* So erſchei-
ne denn bald, glänzendes Licht Armidens! —
ſo erwache denn bald meine durch Liebe er-
mordete Irene — ſo ſey denn bald der Glücklichſte der Erde, mein Philint, meine Hoffnung, mein Alles!

(*die Flamme verſchwindet.*)

DRITTER AUFTRITT.

MORO. RHIZANDER.

MORO. (*trocknet ſich den Schweiſs ab.*)
Das heiſſt Angſt ausgeſtanden!

RHIZAND. (*kniet vor ihm nieder.*) Liebſter,
beſter Moro! du ſichſt mich auf meinen
Knien!

MORO. Eine Ehre, die mir nicht oft wi-
derfähet!

RHIZAND. Du haſt der Göttinn Ausſpruch gehört! —

MORO. Trotz dem beſten Tauben!

RHIZAND. Die Entdeckung des Unnatür-
lichſten auf Erden iſt alſo das einzige Mittel, Irenen vom Tode zu erwecken; und
das einzige Mittel, dieſes Unnatürlichſte der
Erde zu entdecken, oder widrigen Falls der
ſchrecklichſten Rache zu entgehen, iſt — was
denkſt du? —

·MORO. Ihr ſollt's gleich hören!

RHIZAND. Entweder gib mir den Ring,
oder den Tod!

MORO. Habe ich's nicht gedacht — —
Nun, nun, zum Letzten, wenn alle Strän-
ge reiſsen, kann Rath werden: aber,
was das Erſte betrifft, wäre, dächte ich,
der beſte Rath, ihr ſagtet mir erſt, wo
der Ring wäre, oder lieſset mich zufrieden. Ein Mahl für alle Mahl, ich habe
ihn nicht!

RHIZAND. (ſpringt haſtig auf.) Schwöre! —

MORO. Ein Wort ſo viel als tauſend!

RHIZAND. Schwöre, ſag' ich!

MORO. So wahr ich ein Narr bin!

RHIZAND. Iſt das ein Schwur?

· MORO. Wenn er euch nicht anſteht, ſo
ſchwört euch einen beſſern! Ich will mich,

eines leidigen Rings wegen , nicht zum Guckguck fluchen !

Ein Schwur vor Alters war
Ein wichtig Ding und rar !
Ein Schwur bey Bart und Flur —
War das ein grofser Schwur !
Denn alles war Gewiſſen
Vom Kopfe bis zu'n Füfsen.

Allein wie ſtets zuletzt ,
Zog's auch ſich ein , und ſetzt
Sich unter'n Halsbundknopf.
Itzt ſchwor man bey dem Kopf :
Doch blieb das liebe Schwören
So ziemlich noch bey Ehren.

Drauf zog ſich's in den Bauch.
Drum ward die Seele Brauch.
Itzt ſchwören grofs und klein :
Der Richter ſieht es ein ,
Legt auf den Schwur Gebühren ,
Und lebt nunmehr von Schwüren.

Aber wer wird alle Moden mitmachen ! Genug, ich und der Ring haben einander über
Jahr und Tag nicht geſehn. Glaubt ihr mir

nicht auf mein ehrliches Geſicht, ſo durch-
ſucht mich.

RHIZAND. Ich Unglücklicher! was ſoll
ich anfangen? — Höre, Moro! — aber es
iſt nicht möglich — indeſſen — du biſt Philints Vertrauter —

MORO. Zu dienen.

RHIZAND. Sollte wohl — doch nein, ich
kann's ihm nicht zutrauen —

MORO. Sollte wohl; wollt ihr ſagen,
Philint der Dieb ſeyn?

RHIZAND. Behüthe der Himmel! — Sollte wohl, wollte ich ſagen — Philint —
aus guten Abſichten, denn er kann nie
böſe haben — für gut befunden haben,
den Ring —

MORO. Zu ſtehlen?

RHIZAND. Nicht doch — heimlich zu ſich
zu nehmen —

MORO. Iſt das was Beſſers? bey mir ſtand
auf dem Einen der Galgen, und auf dem
Andern die Juſtiz: ungehangen aber kam
man, weder da noch dort, weg. Aber ſagt
mir, ihr waret doch ein Mahl klug; hat
denn die Liebe euren ganzen Verſtand
verrückt?

Den Weifen, den Weifen gib, Him-
 mel, zurück!
Ein Geck feyn, ift wahrlich ein trau-
 rigs Gefchick.
 Er mordet aus Liebe,
 Soll wieder erwecken,
 Verfuchet
 Vergebens,
 Und fluchet
 Des Lebens,
 Und taumelt fich Schrecken
 Und träumet fich Diebe.
Ein Geck feyn, ift wahrlich ein trau-
 rig's Gefchick!
Den Weifen, den Weifen gib, Him-
 mel, zurück!

Einen Menfchen, dem ein fremder Stroh-
halm das Herz abdrückte, einer folchen
Spitzbüberey fähig zu halten! — Eher glaube ich, dafs ihr ein Mahl einen ganzen
Tag ein ehrlicher Mann, als dafs Philint
jemahls eine Minute ein Schelm gewefen!

RHIZAND. Du redeft wie ein Narr!

MORO. Ich werde auch nicht höher ver-
zollt. Aber Narren und Kinder reden die
Wahrheit.

RHIZAND. Nur nicht alle Mahl höflich.
— Doch ich schäme mich selbst meines
Argwohns. Seine Tugend ist mir für ihn
Bürge.

MORO. Sicherer, als ihr es verdient.

RHIZAND. Das sagt dir der Guckguck!

MORO. Alle Vögel auf dem Dache.

RHIZAND. Unverschämter! Deine Frechheit soll dich reuen! — (*springt ihm nach
der Kehle.*) Den Augenblick, oder ich er-
drofsle dich, wie einen Maulwurf: was ist
das Unnatürlichste auf Erden? —

MORO. Gnade! Gnade! Nur ein Bifschen Luft!

RHIZAND. Den Augenblick!

MORO. Nur ein winzig Bifschen Zeit zum
Befinnen!

RHIZAND. Nicht die geringste!

MORO. Das Unnatürlichste auf Erden?

RHIZANDER. Das Unnatürlichste auf
Erden.

MORO. Und das wifst ihr nicht, und
habt's im Haufe?

RHIZAND. (*erfreut.*) Wo denn? wo denn?

MORO. Gleich hier vor der Thüre.

RHIZAND. (*macht die Thür auf.*) Was
aber? Was aber?

MORO. (*der fortspringt, und überlaut lacht.*) Ein Narr, der einen Klugen anführt.

RHIZAND. Laſs dich nicht wieder ſehen!

VIERTER AUFTRITT.

RHIZANDER (*allein.*)

Der unverſchämte Schlingel! — Er macht ſich nur allzu wohl mein Unglück zu Nutze. Wie tief bin ich gefallen! Verhaſste Stunde, da ich das erſte Mahl die gefährlichen Reize dieſes Mädchens ſah! — und doch muſs ich ſie lieben — auch im Tode noch lieben — Ach Rhizander! — Rhizander! (*man hört drey Mahl einen Raben ſchreyn.*) Horch! — Es iſt eilf Uhr! — Es muſs gewagt ſeyn! — Steh mir bey, ſchauervolle Mitternacht, oder ſieh mich das letzte Mahl!

> (*Er macht mit ſeinem Stabe drey Kreiſe in die Luft und drey auf den Boden, und ſingt, nachdem er drey Mahl in dem Kreiſe herum gegangen.*)

Aus Lampen und Wolken und Schach-
  ten und Schilfe
Steh auf, Salamander, Nix, Kobold und
  Sylphe !
Der Stab ift erhoben , die Kreife bereit.
Rhizander befchwört euch! —
  (*Die Höhle fängt an fich mehr zu
  erhellen : nach einer kleinen
  Paufe wiederhohlt Rhizander
  die vorigen Anftalten , und
  fingt :*)

Aus Lampen und Wolken und Schach-
  ten und Schilfe
Fleuch auf , Salamander, Nix, Kobold
  und Sylphe !
Der Stab ift erhoben, die Kreife bereit.
Rhizander befchwört euch! —
  (*Die Höhle erhellt fich noch mehr.
  Rhizander fährt auf die vorige
  Weife fort.*)

Aus Lampen und Wolken und Schach-
  ten und Schilfe
Tritt auf, Salamander, Nix , Kobold
  und Sylphe !

Der Stab ift erhoben, die Kreife bereit.
Rhizander befchwört euch! —

*(Die ganze Höhle erleuchtet fich
plötzlich: aus dem Boden fahren vier Geifter herauf.)*

FÜNFTER AUFTRITT. ·

NIX , SALAMANDER , KOBOLD, SYLPH, RHIZANDER.

ALLE VIER GEISTER (*fingend.*)
Da find wir! gebeut!

RHIZAND. Ihr Geifter der Elemente!
meine Getreuen! vielleicht das letzte Mahl
flehe ich eure Hülfe an. Zwey fchreckliche
Nächte auf einander habt ihr meine Hoffnung getäufcht. Spannt jetzt alle eure Kräf-
te an, und fagt mir: was ift das Unnatürlichfte auf der Erde? — Ihr ftutzt? —

NIX.

Mein Element, vom Bach der Flur
Bis zu dem Rhein, folgt der Natur.

Auch weder Thier, noch Baum, noch
  Stein
Empört sich : höchstens nur zum Schein.
Das einz'ge menschliche Geschlecht
Entzog sich manchmahl ihrem Recht.
Wenn diefs nicht, was du willst, enthält,
Enthält es keines auf der Welt.

RHIZAND. Toll genug! — Was sagst du
dazu, feuriger Salamander?

SALAMANDER.

Mein Feuer, das aus Waffern glüht,
Mein Funke, der elektrisch sprüht,
Mein Phosphor, der unbrennbar brennt,
Macht mich zum Wunderelement.
Nichts aber ward so toll erdacht,
Das nicht ein Mensch noch toller macht.
Ein Wunder! oder er enthält
Das Unnatürlichste der Welt.

RHIZAND. Wie abgeredet! Was aber
denkst du, mein lieber Kobold?

KOBOLD.

Ist das noch einer Frage werth?
Der Mensch, der ganze Jahre führt,

Von einem Meer zum andern schwimmt,
Aus einer Schacht zur andern klimmt,
Am Ende durch ein Stückchen Stein,
Den halben Erdkreis zu entzweyn,
Enthält, selbst, wenn er's nicht enthält,
Das Unnatürlichste der Welt.

RHIZAND. Aber du kleiner Windbeutel
von einem Sylphen wirst, wie gewöhnlich,
was anders haben?

SYLPH.

Auch ich stimm' Aller Meinung bey.
Was ist wohl, das ein Mensch nicht sey?
Nur frag' ich, hat die Oberhand
Zu grofser oder kein Verstand?
Zu starkes oder schwach's Gefühl?
Zu wenig Tugend oder viel?
Diefs ausgemacht, und er enthält
Das Unnatürlichste der Welt!

ALLE GEISTER (*aufser dem Sylphen.*)
Genug, genug! der Mensch enthält
Das Unnatürlichste der Welt.

SYLPH.

Nachdem man auf den rechten fällt.

RHIZANDER *(der ihm nachträllert.)*
Und Grillen hübfch für Grillen hält.

Habe ich's nicht gefagt? alle Mahl was Anderes. — Ich verlaffe euch! Mit dem Eintritte der Mitternacht erwarte ich eure Wiederkunft. — *(geht ab.)*

TANZ DER GEISTER UNTER EINANDER,
DIE DEN SYLPHEN VERSPOTTEN.

*(Nach und nach verlieren fich
alle, bis auf ihn.)*

ZWEYTER AUFZUG.

(Das Theater bleibt unverändert.)

ERSTER AUFTRITT.

MORO, DER SYLPH.

MORO.

*(der den Sylphen gewahr wird,
ſpringt zurück, ſegnet ſich,
und ſchreyt :)*

Ach! — ſey bey uns!

SYLPH. Immer heran! immer heran, ehrlicher, guter Moro! Du darfſt dich nicht
fürchten!

MORO. Traue, ſchau wem! Ich habe meine Lebetage nicht viel Gutes von eures
gleichen gehört. Aufs Halsumdrehen und
Genickbrechen ſeyd ihr ausgelernt, und bey
alle dem ſteht mir zur Zeit weder das eine
noch das andere an.

SYLPH. Keines von beyden, lieber Moro! Ich bin ein Freund aller Menſchen, und
vorzüglich der deine.

MORO. Allerunterthänigſter Knecht, Herr
Geſpenſt! Ich weiſs zwar nicht, wie ich zu
der Ehre komme —

SYLPH. Ohne Umſtände! ohne Umſtände! — Nicht wahr, du biſt ein ehrlicher
Mann?

MORO. (*mit einer tiefen Verbeugung.*)
Ihnen zu dienen.

SYLPH. Und dein Herr iſt ein Schelm?

MORO. (*noch tiefer.*) Wie Sie befehlen.

SYLPH. Der ſeinen Ring von dir for-
dert —

MORO. (*zuckt die Achſel.*) Leider!

SYLPH. Den du aber nicht wiedergeben
magſt —

MORO. (*haſtig.*) Das ſagt mir ein andrer
nach, und kein guter Geiſt!

SYLPH. (*mit einer gewiſſen freundſchaft-
lichen Miene.*) Moro! kennſt du mich?

MORO. Mehr, als zu wohl. Ihr ſeyd ein
Geſpenſt, und ſo ein abgefeimtes Geſpenſt,
das den ehrlichſten Kerl an den Galgen
bringen könnte.

SYLPH. Hübſch dazu geſetzt, wenn es

wollte. Sieh, bey deinem Leibſchwure, ſo wahr ich ein Geiſt bin —

MORO. Das iſt eurer! meiner iſt, ſo wahr ich ein Narr bin!

SYLPH. Nun ja doch! ſo wahr du ein Narr biſt!

MORO. Nun nein doch! ſo wahr *ich* ein Narr *bin*. Bin und biſt, iſt doch, alle Welt, ein Unterſchied!

SYLPH. Höre doch erſt, was ich ſagen will. Ich haſſe deinen Herrn: er hat mich beleidiget, und er ſoll meine Rache empfinden, ſo wahr ich bin, was du willſt!

MORO. Das war ein anderes Wort. Aber was hilft das mir?

SYLPH. So viel, daſs ich dir hiermit unverbrüchliche Treue ſchwöre, unter der Bedingung, mir einen einzigen Augenblick den Ring anzuvertrauen, den du, wie ich gewiſs weiſs, bey dir haſt.

MORO. Denkt doch! denkt doch! wie geputzt! Mit Netzen fängt man Fiſche: und wenn man ſie hat, kann man damit machen, was man will!

SYLPH. Poſſen! — ich merke deinen Argwohn. Du glaubſt, ich gebe dich bey deinem Herrn an. Einfältiger Tropf! kann ich's

jetzt nicht ſo wohl angeben, als darnach?
oder glaubſt du, wir Geiſter wiſſen nicht,
wer eine Sache hat?

MORO. (*zitternd.*) Das wiſst ihr?

SYLPH. Erfährſt du das erſt heute? Alles, alles wiſſen wir.

Nichts auf der Welt iſt mir verborgen.
Ich weiſs, was Mütter oft beſorgen,
Dem Bräut'gam ſchwant, der Braut gedenkt,
Er künftig-trägt, ſie künftig ſchenkt.

Ich weiſs, warum ſich Fürſten raufen,
Gewalt'ge ſtürzen, Herr'n beſaufen,
Der Junker hetzt, der Pfaffe geizt,
Ein Joſt ſich bläht, ein Bauer ſpreizt.

Ich weiſs ſogar, um abzubrechen,
Ob Stutzer denken, wenn ſie ſprechen:
Und ſo ein leid'ger Ring allein
Soll einem Geiſt' verborgen ſeyn?

MORO. Rühmt euch was Beſſern! — Aber
im Ernſte, glaubt ihr, daſs ich den Ring
habe?

SYLPH. Wer fonſt?

MORO. Und ihr wäret deſſen ungeachtet, wenn ich ihn hätte, wie ich ihn nicht habe, ſo ehrliebend, mich nicht zu verrathen?

SYLPH. Warum nicht?

MORO. Bey meinem Leibſchwure?

SYLPH. Bey deinem Leibſchwure!

MORO. (*gibt ihm die Hand.*) Top!

SYLPH. (*ſchlägt ein.*) Top!

MORO. (*indem er ſeine Hand ſchüttelt.*) Ein Schelm, der nicht Wort hält! — (*greift in die Taſche.*) Da iſt er.

SYLPH. (*beſieht den Ring.*) Gut dem Dinge! — (*zu Moro.*) Was willſt du aber mit dem Ringe anfangen?

MORO. Ihn hinlegen, wo ich ihn hergenommen habe. Ich müſte mir ſelber gram ſeyn, wenn ich ihn einen Augenblick länger behielte —

SYLPH. Warum haſt du ihn nicht gleich liegen laſſen?

MORO. Das werdet ihr wohl wiſſen, wenn ihr alles wiſst.

SYLPH. Ich möchte es aber gern von dir ſelbſt hören.

MORO. Faule Fiſche! faule Fiſche! — Ihr habt auf den Strauch geſchlagen!

SYLPH. Ich will dir's geltehen: ich habe
auf den Strauch geschlagen. Ich hörte vorhin unsichtbar, dass Rhizander den Ring
von dir forderte. Seine nachherigen Beleidi-
gungen heischten meine Rache. Der Ring
war mir nöthig. Ich griff also zu diesem
Rank, ihn in meine Gewalt zu bekommen.
— Aber ich erneuere mein Verfprechen:
Nicht um dir zu fchaden, fondern blofs
durch diefes unfchuldige Mittel Rhizandern
und allen, die mich beleidiget, einen Streich
zu fpielen, den fich keiner verfehen foll.
Du fiehft, ich bin aufrichtig gegen dich:
fage mir alfo eben fo aufrichtig: was hat
dir der Ring gefollt?

MORO. Das heifst angeführt! aber ein
Mahl aufs Eis gegangen, und nimmer-
mehr wieder! Armer Moro! Traue, fchau
wem! —

SYLPH. Wunderlicher Menfch! wenn ich
dich aber verfichere —

MORO. Grofse Herren verfichern auch!

Jüngft ftahl mein alter Kater mir
Die Glucke von der Brut.
Winz! fchrie ich, lafs die Glucke hier!
Ein Schelm, der dir was thut!

Da ſtand der Tölpel. — Alle Welt!
Wie hab' ich ihn durchbläut!
Was gilt's, nun gibt er Ferſengeld,
Und wenn man ewig ſchreyt!

SYLPH. Wenn ich aber verſichere —

MORO. (*hält ſich beyde Ohren zu.*) Ich
mag nichts verſichert haben!

SYLPH. (*auffahrend.*) So vernimm,
oder —

MORO. Ach! Barmherzigkeit! Nur nicht
verrathen! Nur nicht verrathen!

SYLPH. Nein doch, nein doch! Sage mir
nur, was dir der Ring geſollt —

MORO. Ich habe kein böſes Herz! der
Himmel weiſs, ich habe kein böſes Herz!

SYLPH. Das glaube ich alles. Aber was
dir der Ring geſollt, will ich wiſſen!

MORO. Ich will alles bekennen! Alles
will ich bekennen!

SYLPH. Nur heraus damit! Nur heraus
damit!

MORO. (*nach einem tiefen Seufzer.*)
Gleich den Morgen drauf, daſs Irene ge-
ſtorben war — ging ich — der Himmel weiſs,
aus keiner böſen Abſicht, hierher, und da
fand ich den Ring; und da wars, als wenn

er fagte: nimm mich mit! und da nahm ich
ihn mit. Im ganzen Haufe war ein Lärm,
dafs fich unfer einer feinem Leibe nicht Rath
wufste; drüber vergeffe ich den Ring, bis
heute mein Herr davon anfing. Ich wollte
ihn wieder heimlich hinlegen, aber es war
immer, als wenn er fpräche: Schenke mich
Philinten! — Da kam ich an! Er redte fo
lange von der Pflicht der Treue, der Dank-
barkeit, der Uneigennützigkeit — bis ich
wie ein Kind fchluchzte, meinen Ring ein-
packte, und fah, wo der Zimmermann die
Thür gelaffen. Und eben wollte ich ihn wieder an Ort und Stelle fchaffen, als ich euch
hier antraf —

SYLPH. Ift das wahr, Moro? — Kannft
du ihn zu nichts weiter brauchen?

MORO. Nicht das Mindefte.

SYLPH. So kann ich's. (*Lachend.*) Gute
Nacht, Moro!

(*er verfchwindet mit dem
Ringe; die Höhle wird
wieder verfinftert.*)

ZWEYTER AUFTRITT.

MORO.

Barmherzigkeit! Barmherzigkeit! — Ach
mein Ring! mein Ring! Ich will's zeitle-
bens nicht mehr thun! Ach rettet, rettet!
Ich muſs entlaufen! ich kaṇn mich nicht
retten! Ach mein Ring! mein Ring!

DRITTER AUFTRITT.

RHIZANDER, MORO.

RHIZANDER.

Ha! ha! Herr Spitzbube! treffen wir einander hier an?

MORO. Wetzt nur das Meſſer! das Biſschen Gurgel wird nicht ewig währen!

RHIZAND. Kommt Zeit, kommt Rath! —
Jetzt geſteh' mir im Guten, was haſt 'du
ohne meine Erlaubniſs hier zu ſuchen?

· MORO. Ihr wiſst's beſſer, als ich. Das
ganze Ding iſt ein angeſtellter Karrn —

RHIZAND. Biſt du toll, oder was fehlt
dir? — Erſt kriecht der Schlingel überall
herum, der Henker weiſs, was er banut,

und fängt einen Lärm an, wie ein Lands-
knecht; und wenn man ihm übers Dach
kommt, mengt er Zeug unter einander,
das weder Geschicke noch Gelenke hat!
Vom Himmel bist du doch nicht hierher
gefallen! —

MORO. Genug, ihr habt euren Ring wieder — und ich —

RHIZAND. Den Ring? — den Ring? —
Ich will dir alles vergeben! Magst du ihn
doch gestohlen haben! Ich will dir alles
vergeben! Nur heraus damit! so geschwin-
de als möglich!

MORO. Hat er euch ihn nicht gebracht? —

RHIZAND. Wer denn? Wer denn?

MORO. Ihr wißt auch nicht, wer ihn gehabt hat?

RHIZAND. Nicht ein Wort!

MORO. Auch nicht, wo er jetzt ist?

RHIZAND. So wahr ich lebe! —

MORO. Ja wenn das ist, so weiß ich's
auch nicht.

RHIZAND. Aber doch, wer ihn gehabt
hat?

MORO. Das weiß ich wohl. Ein Schelm
von einer Ratte. (*zeigt vor die Thür hin-
aus.*)

Hier faſs ſie!

Es war ein Thier, erbärmlich grofs!

Ich wie ein Habicht auf ſie los!

Sie wie der Marder hinein!

Ich wie ein Luchs hinter drein! —

Weg war ſie!

RHIZAND. Ohne dafs du ſahſt, wo ſie
hin kam?

MORO. Und wenn ich mir die Augen
ausgeſehen hätte!

Wie ward mir!

Sieh, dacht' ich, deines Alten Liſt!

Hui, dafs er ſelbſt die Ratte iſt!

Hören verging mir und Sehn!

Poltern war alles und Schmäh'n!

Da kam't ihr!

RHIZAND. So vereint ſich denn alles zu
meinem Unglück! — Auch die verächtlich-
ſten Thiere ſind nicht verächtlich genug, an
mir ihre Rache zu kühlen! — Doch faſſe
dich, Herz! Ein einziger günſtiger Augenblick, ein einziger glücklicher Rath meiner ſich, wie ich merke, bereits nahenden
Geiſter erhebt dich über alle bisherige

Schmach, über alle Bedürfniſſe eines hin-
fälligen Ringes! Und ſoll es nicht ſeyn —
auch das! Tiefer kann ich nicht fallen, und
ſelbſt der ſchmählichſte Tod iſt noch Wohl-
that. — Wo willſt du hin, Moro?

MORO. Deine Geiſter, wie ich höre, ſol-
len kommen: was bin ich alſo hier nütze?

RHIZAND. Bleib! es ſoll dir nichts wi-
derfahren! Ich lobe deinen Eifer in meinem Dienſte, ob er mir gleich nichts gehol-
fen, und bedarf ich dich jetzt mehr, als
jemahls.

MORO. Was würden die Herren Geiſter
ſagen?

RHIZAND. Dafür laſs mich ſorgen!

MORO. Ich bin gar nicht geiſtermäſsig
angezogen.

RHIZAND. Wir machen hier keine Umſtände!

MORO. Ich habe mein Lebetage nicht
groſse Geſellſchaften geliebt —

RHIZAND. Und ich habe deiner Ausflüch-
te ſatt. Alle Dinge eine Weile, Moro! —
Du verſtehſt mich!

MORO. Wenn ich muſs, ſo muſs ich! —
aber der Himmel ſtehe mir bey!

VIERTER AUFTRITT.

DIE VORIGEN, NIX, SALAMAN-DER, KOBOLD, SYLPH.

(Die Geifter fahren plötzlich, unter völ-liger Erleuchtung der Höhle, herauf: Moro fchleicht fich ganz fachte hin-ter den Altar.)

RHIZANDER.
Nun, meine Getreuen! darf ich hoffen?

CHOR DER GEISTER *(aufser dem Sylphen.)*
Uns trug der Geifter flüchtiger Flug
    Durch Heiden, und Trift und Meer.
Kaum war der Menfchen hundertfter
    klug:
    Diefs machte die Auswahl fchwer.
Nach langer Wahl erkiesten wir drey.
Zum wenigften fiehft du, *was* es fey!
Die Göttinn erkläre fich: *wer?*

RHIZAND. *(zum Sylphen.)* Warum fo
ftille?

SYLPH. So lange die Alten reden, müf-fen die Jungen fchweigen.

RHIZAND. Haſt du nichts ausfindig gemacht?

SYLPH. Ich hielt es für überflüſſig, weil
nur eines das Unnatürlichſte ſeyn kann.

RHIZAND. Deſto beſſer, Herr Grillen-
fänger! ſo darf ich mich nicht bedanken. —
Laſst ihr dafür (*zu den andern*) ſehen, was
ihr habt!

NIX. Vorgeſehn! Eben kommt mein Ritter angeſtochen.

FÜNFTER AUFTRITT.

DIE VORIGEN, DER SCHÄFER.

SCHÄFER.

(*Er kommt langſam herein, bleibt bey
jedem Schritte nachdenklich ſtehen,
und ſpringt mit einem Mahle auf
Rhizandern zu.*)

O du Hirt der ſchwarzfleckigen Ziegen!
in welchen Gefilden weidet Chloe die Herden? —

RHIZAND. Ich muſs meine Unwiſſenheit
bekennen.

SCHÄF. Süſs iſt dir der Mund, und die

Stimme lieblich, o Celadon! aber auch herber für mich, als eine unreife Traube.

RHIZAND. Ehre genug! nur Schade, daſs ich nicht beſſer antworten kann, als ich belehrt bin.

SCHÄF. Ihr ſanften Zephyrs, die ihr damahls um dieſe blumigen Fluren ſchwärmtet, wo mich die Liebe überwand, wo Daphnis das erſte Mahl ſeufzte! habt ihr nichts vor die Ohren dieſes Schäfers gebracht?

RHIZAND. Nicht eine Sylbe!

SCHÄF. Sagt ihm, ihr jungen Dryaden, die ihr um dieſe Quelle hüpft! ſagt ihm, daſs Daphnis ſchön war, und Chloen geliebt hat. Ich will dir das Lied ſingen, das Chloe mir ſang, als ich ſie das erſte Mahl küſste.

RHIZAND. Iſt es lang?

SCHÄFER.

Kleine Honigträgerinn!
Fröhlich ſummſt du her und hin,
So lange der Roſenſtock blüht.
Aber weit entzückter girrt,
Wenn des Lieblings Flügel ſchwirrt,
Junger Heimen Lied.

Philomele, Stolz der Flur!
Wolluſt athmet die Natur,
So oft dein Geſang ſie durchtönt;
Aber ſchlägt er, wie er ſchlägt,
Wenn ihn Amors Fittig trägt,
Und die Liebe krönt?

—

Mich, auch mich entzückt dein Blick,
Wie die Nachtigall ihr Glück,
Die Heime der Liebe Genuſs!
Aber, das geſteh’ ich dir:
Auch dein ſchönſter Blick iſt mir
Lange noch kein Kuſs!

RHIZAND. Drollig genug!
SCHÄF. Aber warum, o Celadon, da wir
hier beyde beyſammen ſind, beyde Arka-
der —

RHIZAND. Wie ich nicht weiſs! —
SCHÄF. Beyde zum Singen geſchickt —
RHIZAND. Sehr mäſsig für meine Perſon.
SCHÄF. Warum lagern wir uns nicht un-
ter dieſe Ulmen und Haſelſtauden? —
RHIZAND. Weil keine da ſind.
SCHÄF. Allda ſind ſprudelnde Quellen:
allda ſind kühlende Grotten. Sieh nur die

Grotte, wie fie das wilde Gefträuch mit
Schatten überhüpft! —

(*er geht auf den Altar los.*)

RHIZAND. (*der ihn zutück hält.*) Weder
eines noch keines! Der Kerl ift rafend! —
Willft du da bleiben!

MORO. (*der erfchrocken hinter dem Altare auffpringt.*) Drey Schritte vom Leibe!

NIX. Das wird luftig werden!

SCHÄF. (*zu Moro.*) Schone der Böcke!
fchone, o Wolf! meiner trächtigen Scha-
fe, und betrübe mich nicht, weil ich klein
bin, und viel Lämmer führe!

MORO. Bin ich denn ein Wolf?

SCHÄF. (*ftreichelt den Moro.*) Ja, lagft
du da, Lampurus, mein Hund! ein fo fe-
fter Schlaf übermannt dich. Du mufst nicht
fchläfrig feyn bey einem fo jungen Schäfer!

MORO. Ihr mögt felber ein Hund feyn!

NIX. Die mufs ich zufammen hetzen.
(*Zum Schäfer.*) Daphnis! du verkennft
ihn; es ift weder ein Wolf, noch ein Hund,
fondern der berühmte Sänger Menalk.

MORO. So wenig als jenes, blofs ein armer unglücklicher Menfch —

NIX. Der einen Wettgefang vermeiden
will —

MORO. Den ihr mit Frieden laſſen ſollt.

SCHÄF. Heute entkommſt du mir nicht,
Hüther der brüllenden Rinder, Menalk! Mit
nichten ſollſt du mich überwinden, und
wenn du dich zu Tode fängeſt.

MORO. Dafür iſt gebethen!

SCHÄF. Willſt du es verſuchen? willſt du
einen Preis aufſetzen?

MORO. Ich hätte Briefe davon!

SCHÄF. Ich will ein Lamm ſetzen, das
ſo grofs iſt, als ſeine Mutter; ſetze du ein
Kalb.

MORO. Da ſitzen mir die Kälber! —
nicht auch meine Kappe?

SCHÄF. Auch ich habe einen Schäferhut,
mit bunten Bändern umwunden und oben
und unten ganz. Nur jüngſt flocht ich ihn
ſelbſt, und die Augen ſchmerzen mich noch,
die ich über dem Flechten anſtrengte. Wenn
du den Hut dir betrachteſt, ſo iſt nichts,
daſs du die Kappe noch lobeſt. — Aber es
ſey! — (*weiſt auf den Nix.*) Palämon mag
unter uns richten! —

NIX. Courage, Moro! Courage! Her mit
der Kappe — (*nimmt Moro'n die Kappe.*)
Her mit dem Schäferhute!

MORO. Nein doch, nein! das iſt ja gar

keine Art, einem ehrlichen Kerl die Kappe
vom Kopfe zu nehmen!

NIX. Singe! oder die Kappe ist ver-
fallen.

MORO. Ach geht, und gebt mir 'fie
wieder!

SCHÄF. Vergebens, Hüther der brüllenden Rinder —

MORO. Nun fo will ich brüllen, dafs euch
die Ohren gellen follen! — Wie lange
wird's?

WETTGESANG.

SCHÄFER.

Als geftern meine Chloe mich
Bey meiner Herde fprach,
Sprach fie, ich wäre fchön; und ich
Ward roth, fah unter mich, und fchlich
Ihr zu der Weide nach *).

MORO.

Als vorhin mich im beften Schrey'n
Mein Alter überfiel,
Sprach er, ich wär' ein Dieb; allein
Ich fprach: ,,Das mag ein andrer feyn,''
Und lief ihm aus dem Spiel.

*) Nach dem Theokrit.

SCHÄFER.

Mich liebet Chloe, Chloen ich.
Für mich trägt fie fich grün;
Vor ihr erfchallt mein Lied; für mich
Blüht ihr die Rofe, und für dich,
O Chloe! mir Jefmin *).

MORO.

Uns hafst der Prügel, Prügel wir.
Für uns wächft er ins Haus;
Vor ihm erbeb' ich, über mir
Hebt er fich auf, und unter dir,
Herr Prügel, reifs' ich aus.

SCHÄFER.

So froh hüpft nicht des Mähders Fufs
Wenn er dem letzten Klee
Zur vollen Scheure folgen mufs,
Als ich, wenn ich nach Chloens Kufs
In meine Hütte geh' **).

MORO.

So hoch hebt Moro nicht den Fufs,
Wenn er den ganzen Tag
Sich mit der Arbeit-kerkern mufs,
Als wenn er, auf des Mittags Grufs,
Der Schüffel danken mag.

---

*) Nach Madame Deshoulieres.

**) Nach Gefsnern.

SCHÄFER.

Wo treibt fie jetzt? in jenem Wald,
Gefchmückt von meiner Hand
Mit taufend Nahmen? oder fchallt
Ihr Lied am Bach, wo, nur zu bald,
Mich Amor überwand *)?

MORO.

Wer kriegt die Braut? Ein Becher, der
Sich unaufhörlich füllt,
Und niemahls ausleert? oder, wer
Ihn, Athem hin und Athem her,
Nicht abfetzt, weil es quillt?

NIX. Da mag ein andrer Richter feyn!
Einer ift toll, und der andere wahnfinnig.
(*Zum Schäfer.*) Hier nimm die Kappe.
Moro mag den Schäferhut behalten! —

MORO. (*fchwenkt den Schäferhut, und
macht Luftfprünge.*) Hop fa fa! he fa fa!

SCHÄF. (*befieht die Kappe.*) So ergetzt
mich nicht das Säufeln des kommenden
Südwinds; fo nicht die Welle, wenn fie
an ihre Ufer fchlägt: auch nicht der Bach,
der über Kiefel rollt.

MORO. Hop fa fa! he fa fa!

---

*) Nach Segrais.

RHIZAND. (*verwunderungsvoll.*) Das ift ein Unfinn von einem Menfchen!

SALAMAND. So ift der meinige eine Raferey! Soll ich ihn bringen?

RHIZAND. Lafs fehen!

SALAMAND. Moro, hinter den Altar mit dir! Und ihr alle feht euch etwas vor! — (*macht ein Zeichen; der Ritter kommt.*)

SECHSTER AUFTRITT.

DIE VORIGEN, DER RITTER.

RITTER. (*fpringt auf Moro'n los.*) Wenn ich diefen Stahl mit eurem bofshaften Blute färben könnte, würde mein Herz das Vergnügen über diejenige Rache empfinden, die ich an euch auszuüben mich mit einem theuren Schwure verpflichtet.

MORO. Helft doch! helft doch! er erwürgt mich!

SCHÄF. O fey gütig, fey gnädig den Deinen, wer du auch feyft, Mann von Eifen! Kein Wolf ftellt jetzt der Herde, kein Netz dem Wilde nach. Der gute Daphnis liebt Ruhe.

RITTER. (*zum Sehäfer.*) Diefer erkläre

ich zwar auch mich gewogen. Hingegen, da es, durch diefes Nichtswürdigen Künfte, nicht in meinem menfchlichen Vermögen geftanden, die Flamme der Liebe in Afpaßens Feuer zu löfchen; fo wiffet zum voraus, ihr, als fein Vertheidiger, follt mir bald auf gleiche Art entweder zuvor gehen, oder nachfolgen!

SCHÄF. O Mann von Eifen! Mann von Eifen! wo ift dein Verftand hingeflohen? — Wenn du Weidenkörbe flechten, und zarte Schöfslinge für deine Lämmer pflücken wollteft, du würdeft weit klüger thun! —

MORO. Ich follte es meinen!

RITTER. Der Verräther mufs fterben, und die fchweren Sclavenketten eines würdigen Ritters mit fich ins Grab nehmen, wenn er auch nur Afpaßien meine Beftändigkeit bekräftigen foll!

SCHÄF. Geniefse, was du haft, und verlange nicht, was du nicht haben kannft, Des Abends hüpfen hier viele Schäferinnen herum. Du findeft vielleicht eine andere Afpaßia, und eine, die noch wohl fchöner ift.

MORO. Was denn? — freylich!

RITTER. Mein Gut und Blut ftehet allein

zu Afpafiens Dienften. Ihre Augen find der
Brennpunct, in dem fich meine Hoffnungen fangen, über alle diejenigen ein ver-
zehrendes Feuer zu verbreiten, die fich er-
frechen, ein Bewunderer oder Verächter
Afpafiens zu werden!

Glänzende Strahlen der blitzenden Jugend,
Mufter der Erden und Wunder der Welt!
Streue das Feuer erweichender Tugend
Über dein funkelndes Rofengezelt!
   Würdeft du Demant mit Blute ge-
     zwungen,
   Wären mir längftens die Adern ge-
     fprungen!
   Alles ift härter, verfteinerte Zier!
   Alles ift härter, als Steine, bey dir.
Glänzende Strahlen der blitzenden Jugend,
Mufter der Erden und Wunder der Welt!
Streue das Feuer erweichender Tugend
Über dein funkelndes Rofengezelt!

schäf. Wie lange, wie lange verfchmähft
du die Reize der friedlicheren Fluren! Verlafs diefe Rüftung; und, wenn du fie verlaffen, fo vergifs, wie ich, der ich hier
weide, vergifs fie wieder zu wählen! Wir

wollen mit einander weiden, wir wollen den
Schafen die Milch abnehmen; ich zeige dir,
wie man fie zu Käfe gerinnen läfst —

RITTER. Ihr redet fehr verwegen, und
ich fchwöre euch bey den Gefetzen meiner
Ritterfchaft, bey den Häuptern von hundert Riefen, die ich, mit einem Schwert-
fchlage von der Scheitel bis zum Wehrge-
henke gefpalten, den wilden Thieren zur
Beute gegeben: ja, bey allen Reizen Afpafiens! dafs ich weder den Pol meiner Be-
fländigkeit gegen Afpafien verändert, noch
der Frechheit diefes unwürdigen Ritters
durch Zagheit auslenken will; fondern ich
habe auf eurem ritterlichen Haupte einen
Reiz gefunden, der mich nöthiget, wider
meinen Entfchlufs zu handeln, und euch
um eine ritterliche Gunft anzufprechen. Gewährt ihr mir diefe, fo fchenke ich euch
und diefem nichtswürdigen Ritter das Leben: fchlagt ihr mir fie aber ab, fo foll euch
meine Rache zentnerfchwer falten!

SCHÄF. Diefs foll dir niemahls entftchen,
fo lange der Eber die Berge, der Fifch
die Ströme befucht; fo lange die Biene den
·Thymianftrauch, den Thau des Himmels
die Heufchrecke faugt.

RITTER. Überliefert mir alſo, allzu will-
fähriger Ritter, den Helm des Arthur, den
ihr auf eurem heldenmüthigen Haupte tragt,
als ein Kleinod unſerer wechſelſeitigen
Freundſchaftsverpflichtungen, und als eine
Geiſel für die Sicherheit meiner Liebes-
flammen, gegen die Anforderungen dieſes
Ritters.

SCHÄF. Nimm dieſe neunſtimmige Flöte,
mit weiſſem Wachſe verbunden, und oben
und unten gleich. Dieſe kann ich dir geben;
ich habe ſie ſelber gemacht: was aber der
Preis eines Wettgeſangs iſt, das kann ich
nicht geben.

RITTER. *(ſpringt mit einem erſchreckli-
chen Lufthiebe, vor dem Moro und der
Schäfer ausreiſſen, einige Schritte zurück.)*
So wird es in kurzem ausſehen, wenn dieſe
Verbrecher erwürgt worden, und der Rit-
ter von der goldenen Lanze den blutigen
Helm des Arthur mit dem Schwerte in der
Fauſt ſich erfochten hat.

SCHÄF. *(ängſtlich.)* Ihr Bäche und ihr
Kräuter, ſüſſes Gewächs!

MORO. Pardon! Pardon!

SALAMAND. Nicht ſo hitzig, Herr Ritter! nicht ſo hitzig! Ihr könnt nicht ver-

langen, daſs der gute ehrliche Mann da mit bloſsem Kopfe nach Hauſe geht. Schenkt ihm wenigſtens euren dafür. Eine Höflich- keit erfordert doch wohl die andre! —

RITTER. Ihr ſeyd ſehr verwegen, kühner Fremdling, daſs ihr euch erfrechet, unſern Kampf zu unterbrechen. Doch damit ihr ſehet, daſs niemahls Tapferkeit Groſsmuth aufhebt, ſo vergebe ich eure Unbeſonnen- heit, und biethe dieſem liebenswürdigen Ritter den meinigen an.

SCHÄF. Was ſoll mir der Helm? Soll ich in den Helm die Früchte von den Bäumen erkämpfen? oder die Blumen von den Wie- ſen? oder ſoll ich von meiner Herde die Milch erkämpfen?

SALAMAND. Poſſen! mache keine Weit- läuftigkeit! Hundert ſolche Kappen bezahlen nicht den halben Federbuſch auf dem Helme.

SCHÄF. Schön iſt der ungekünſtelte länd- liche Hut mit ſeinen fliegenden Zipfeln! ſchöner ſind die Zipfel mit läutenden Schel- len geſchmückt! — oder klingen meine Schellen ſchlechter, als ſeine rauſchenden Federn?

SALAMAND. Thorheit! wenn er aber ſo gern ein Andenken von dir haben will! Es

ift doch wohl eines Andenkens werth, einen
für den beßen Sänger im Lande zu halten?

SCHÄF. Was könnte mir wohl angeneh-
mer feyn, als ein folches Lob? Kein Schäfer war hutwürdiger, als er. Nimm alfo diefen Hut von wohl gekrämpeltem Filze, mit
klingelnden Schellen behangen. Menalk
hielt ihn fehr werth; allein fo werth er ihn
hielt, bekam ihn doch Daphnis.

DUETT.

SCHÄFER.

Nichts gleicht dem Murmeln kühler Wäſſer,

RITTER.

Nichts gleicht dem Sturm verwünfchter
Schlöſſer,

SCHÄFER.

Nicht bunten Kränzen blum'ger Wiefen,

RITTER.

Nichts blut'gen Panzern todter Riefen,

BEYDE.

An Reizen leicht!

SCHÄFER.

Und doch, fo weit der Widder Stieren,

RITTER.

Und doch, fo weit ein Tanz Tournieren,

SCHÄFER.

Dem Klee der goldne Krokus

RITTER.

Dem Ritter Roland Siegfried

} weicht,

SCHÄFER.

Weicht meinem Lob' in deinem Munde,

RITTER.

Weicht diefem ritterlichen Bunde,

BEYDE.

Weicht diefem Huthe,   ) wie mich

Weicht Arthurs Streithelm,) däucht,

SCHÄFER.

So wohl das Murmeln kühler Wäffer,

RITTER.

So wohl der Sturm verwünfchter Schlöffer,

SCHÄFER.

Als bunte Kränze blum'ger Wiefen,

RITTER.

Als blut'ge Panzer todter Riefen,

BEYDE.

An Reizen leicht!

RHIZAND. Der erfte war toll, der andere
rafend. Kobold! wie ift deiner? —

KOBOLD. Das befte Schaf von der Welt!
(*macht ein Zeichen.*) Hier ift er!

SIEBENTER AUFTRITT.

ROBINSON und die VORIGEN.

*(Er schleicht sich, in einer Kleidung von
Fellen, wie insgemein Robinsons vor-
gestellet werden, ganz sachte hinter
den Altar, um auf die Gesellschaft
aus seiner Flinte Feuer zu geben.)*

SCHÄFER. *(zum Ritter.)*
Milon! — ein Satyr! ein Satyr!
RITTER. *(geht auf den Robinson los.)* Also finde ich dich hier, niederträchtiger Zauberer, der bisher über meine und Aspasiens
Liebe einen Sturm nach dem andern em-
pörte, welcher dem Schiffe der Vergnügung
den Untergang drohete, und die Wellen der
Verfolgung so häufig hinein warf, dafs es
beynahe am harten Felsen der Unglückse-
ligkeit zerscheiterte?
ROBINSON. Mein Herr! ich bin kein Zauberer, sondern ein unglücklicher Seefahrer,
der vor zwanzig Jahren durch Sturm auf
diese Insel verschlagen worden, bis ihm der
gütige Himmel, ohne Zweifel in euch, seinen so lange gewünschten Erretter gesandt.

Ich habe auch, wie der Himmel weiſs, aus
keiner andern Abſicht auf euch Feuer geben
wollen, als weil ich euch für diejenigen
Cannibalen oder Menſchenfreſſer hielt, die
jährlich einige Mahl hier anlanden, um ihre
Gefangenen zu verzehren.

— RITTER. Kennſt du ſo, verrätheriſcher
Zauberer Morzon! den Ritter von der goldenen Lanze, um noch durch heimtückiſche
Lügen den Donner zu beſchleunigen, der
ſchon über deinem nichtswürdigen Haupte
ſich aufthürmt?

ROBINSON. Mein Herr Schiffscapitän! ihr
irrt euch in meiner Perſon. Was meine Geburt anbetrifft, ſo erblickte ich das Licht
der Welt zu Cuxhaven, einem kleinen Dorfe
ohnweit Ritzebüttel, allwo mein Vater vom
Ackerbau lebte, meine Mutter aber, kurz
nach meiner Geburt, den Weg alles Flei-
ſches ging, und werde mich ins künftige
Robinſon nennen. Weil ich der einzige Sohn
war, ſo ſparte mein Vater nichts, was zu
einer guten Erziehung nöthig und nützlich
ſchien. Schon in meinem ſechſten Jahre
ward ich zur Schule gehalten; und obgleich der daſige Schulmeiſter —

RITTER. Nicht weiter — oder mein Don-

.ner entbrennt! Sage mir demnach kürzlich,
oder du bift des Todes, was du hier zu
thun gefonnen, und welcher Winkel der
Erde dich bisher meinem gezückten Schwerte verborgen.

ROBINSON. Lieber Herr Schiffscapitän!
was das Letztere betrifft, glaube ich Ihnen
fchon gefagt zu haben, dafs ich vor zwanzig Jahren auf diefe wüfte Infel verfchla-
gen worden. Hier nun habe ich erftlich von
den Eyern der Vögel gelebt, bis ich durch
den angefchwommenen Wrack unfers Schif-
fes, aufser einem guten Theile Pulver und
Bley, faft alle mir nur nöthigem Werkzeuge
zu meinem Unterhalte und Bequemlichkeit
erhalten. Wie ich mir dafelbft durch die
Jagd mein Brot erworben, was für Thiere
ich gefället; wie ich, ohne alle andere Hülfe, alle menfchlichen Erfindungen, feit dem
Anfange der Welt bis jetzt, heraus gebracht;
wie ich meine Wohnung angeleget; wie oft
mich die Menfchenfreffer befucht; wie viele
Paviane ich abgerichtet; das werdet ihr
noch weitläuftiger hören. Jetzt fahre ich
fort in der kürzlichen Erzählung meines
Lebenslaufs. Schon in meinem fechsten
Jahre, wie ich gefagt habe, ward ich zur

Schule gehalten, und obgleich der dasige
Schulmeister eben nicht der Mann war —

SCHÄF. Folge nicht länger, bocksfüßiger
Satyr, der widerstrebenden Liebe der flie-
henden Chloe. Sie pflegt hierher zu kommen, wenn dich der Rebengott berauscht;
allein sie fliehet wieder, wenn dich der Lie-
besgott entflammt: sie fliehet, wie ein Lamm,
das einen bösen Wolf siehet —

ROBINSON. Ich bin kein Satyr, mein
Herr! wie ihr euch nach meiner Kleidung
einbildet: sondern, damit ich auserzähle,
obgleich der dasige Schulmeister nicht eben
der Mann war, der seinem Amte, es sey
nun aus Unwissenheit oder Nachlässigkeit,
gehörig vorstand; so lernete ich doch in
Kurzem, wegen meiner außerordentlichen
Fähigkeiten, so viel, daß ich im zehnten
Jahre —

RITTER. Um deines Lebens willen, Verräther! nicht noch ein Wort! — Mein Haß,
den ich dir geschworen —

ROBINSON. *(alle unter einander.)* Im
Schreiben und Lesen alle meine Schulka-
meraden übertraf —

RITTER. Wird nicht eher ein Ende nehmen —

SCHÄF. Ich liebte fie fchon, da fie noch —

ROBINSON. Ich habe oben zu fagen ver-
geffen, dafs fich mein Grofsvater —

SCHÄF. Ein kleines Kind war —

RITTER. Bis der Tod meine Rache hemmt.
Doch foll —

ROBINSON. Mein Grofsvater, fag' ich,
mütterlicher Seite, ein Mann, der fich —

RITTER. Soll diefelbe auch noch —

ROBINSON. In den damahligen Kriegen
zwifchen Frankreich und England zwanzig Jahre als franzöfifcher Schiffsfoldat —

RITTER. Noch in der Afche —

ROBINSON. Was Rechtfchaffenes verfucht, auf feine alten Tage bey meinem
Vater zur Ruhe gefetzt, um in gutem Frieden dasjenige zu geniefsen, was ihm fein
Fleifs und feine Gefahr auf der See erworben hatten. Diefer ehrliche Mann
nun —

RITTER. (*zornig.*) Noch in der Afche,
fag' ich —

ROBINSON. Trug, wie alle Grofsväter
gegen ihre Enkel —

RITTER. Willft du deinen Spott mit mir
treiben ? —

ROBINSON. Von Kindheit an gegen mich

eine aufserordentliche Liebe. Er nahm mich
oft auf seinen Schoofs, und hatte —

RITTER. Zauberer aller Zauberer! —

ROBINSON. An meinem kindischen Be-
zeugen, und in der That oft drolligen Ein-
fällen —

RITTER. Schweig, oder du bift des Todes! —

ROBINSON. Sein gröfstes Vergnügen.
Diefes —

SCHÄF. (*zum Robinfon.*) Aber du kehrft
dich nicht daran! —

ROBINSON. Diefes erweckte —

RITTER. Des Todes bift du!

ROBINSON. Schon damahls —

SCHÄF. Beym Pan! du —

ROBINSON. So jung ich —

SCHÄF. Du kehrft dich nicht daran!

ROBINSON. So jung ich war, in mir eine Begierde zum Seeleben, welches noch
mehr —

RITTER. (*hält ihm den Mund zu; er aber
murmelt immer fort.*) Die Zunge reifse ich
dir aus dem Halfe!

SCHÄF. (*zum Ritter.*) Lafs den fchwär-
mänden Satyr! dort, Milon, treibt Phyllis
die Herden —

ROBINSON. *(fo wie ihm der Ritter den Mund frey läfst.)* Er war meines Grofsvaters Schwefterfohn, und hätte fich ein ziemliches Vermögen —

RHIZAND. St! — St! —

ROBINSON. Durch Handlung erworben —

RHIZAND. Hört man doch fein eigenes Wort nicht! —

SCHÄF. Beym Pan! du kehrft dich nicht daran —

> *(der Ritter hält ihm abermahls den Mund; er aber murmelt immer fort.)*

RITTER. Hund!

RHIZAND. Das ift der Tollfte unter allen. *(Zu den Geiftern.)* Entfernt euch nicht zu weit! — *(zu Moro.)* Bringe fie mit guter Art ins kleine Gartenhaus; aber dafs dir keiner entwifcht! —

MORO. Wieder eine fchöne Arbeit! —

> *(Die Geifter verfchwinden. Rhizander geht ab.)*

ACHTER AUFTRITT.

DIE VORIGEN, AUSSER RHIZANDERN UND DEN GEISTERN.

ROBINSON. (*ſo bald der Ritter nach-läſst.*) Weil ich nun die Kaufmannſchaft lernen, und überhaupt mich noch zuvor im Rechnen feſt ſetzen ſollte, kam ich —

MORO. Nur einen Augenblick Stillſtand!

ROBINSON. Kam ich in meinem vierzehnten Jahre dahin, und ward von ihm und ſeiner Frau, einem Weibchen von etlichen zwanzig Jahren, überaus liebreich aufgenommen —

MORO. Wer hat denn daran gezweifelt!

ROBINSON. Die gute Begegnung meines Vetters und meiner Muhme, nebſt einem Tiſche, der freylich beſſer beſetzt war, als meines Vaters, machte mir Hamburg überaus angenehm. —

MORO. Wer hat denn daran gezweifelt!

ROBINSON. Mein Lehrmeiſter im Rechnen, ein alter Candidat, und ein Mann, der das Seinige verſtand —

MORO. Ja doch, ja doch! aber davon iſt jetzt nicht die Rede.

ROBINSON. War überaus wohl mit mir zufrieden; so wie ich auch, wegen meiner Lust zu Sprachen —

MORO. Das ist nicht auszustehen!

(Moro zischelt bald mit dem Ritter, bald mit dem Schäfer, die ihren Beyfall durch Mienen zu verstehen geben; während dessen schreyt Robinson immer fort.)

ROBINSON. Auf meines Vetters Kosten, der mich ungemein liebte, einen guten Grund, so wohl in der französischen als englischen Sprache legte. Hamburg überhaupt ist eine der vorzüglichsten Städte in Europa —

QUARTETT.

SCHÄFER.
Lieber Satyr, lass dich lehren!

MORO.
Soll das Ding denn ewig währen!

RITTER.
Alle Wetter! willst du hören?

ROBINSON.
Die, der Kaufmannschaft zu Ehren —

ALLE.

ROBINSON. Schon was fagen will!

DIE ANDERN. Schweig doch ein Mahl ftill!

ROBINSON.

Sie ift grofs und allenthalben —

SCHÄFER.

Schwatzt er nicht, wie junge Schwalben?

ROBINSON.

Weit berühmt. Sind gleich die Schanzen —

RITTER.

Hurtig fchärft mir alle Lanzen!

MORO.

Welche Dinge! — lafst uns tanzen!

ALLE (aufser Robinfon.)

Tanzen lafst uns! lafst uns tanzen!

ROBINSON.

Schanzen, wollt' ich fagen, Schanzen! —
Kinder! nur ein Bifschen ftill!

RITTER.

Er mag rafen, weil er will!

SCHÄFER.

Er mag fchwatzen, weil er will!

MORO.

Er mag fchnattern, weil er will!

*Tanz aller Perfonen, die mit dem fie
noch immer unterbrechenden Robinfon nach und nach abtanzen.*

DRITTER AUFZUG.

(Der Schauplatz verwandelt sich in einen illuminirten Garten. Er ist mit Statuen ausgeschmückt. In der Mitte desselben erhebt sich Irenens. Grabmahl.)

ERSTER AUFTRITT.

PHILINT ALLEIN.

(geht auf und ab.)

Gewiſs eine ſehr unruhige Nacht — eine ſehr unruhige Nacht! — Sollte mein Herz ſich ſelbſt hintergehen? — Ich ſchätzte Irenen hoch! es war mir erlaubt — Der Himmel entriſs ſie mir — kann ich wider ihn murren? — Vielleicht war Rhizander zu ungerecht — Keine Vorwürfe — er war nie ungerecht — er liebte! — Aber doch ſah er, wie ſie ihn floh, wie ſie ſich abhärmte — O der Grauſame! — Was habe ich gethan? — Rhizander grauſam? — ich erzittre vor mir ſelbſt! — O Leidenſchaft,

Leidenſchaft! warſt du ſo von mir überwunden? —

(*er lehnt ſich an Ironens Grabmahl.*)

ZWEYTER AUFTRITT.

MORO. PHILINT.

MORO.

Will ich doch lieber ein ganzes Geſchwa-
der Ziegen zur Raiſon bringen, als einen
einzigen ſolchen Schwätzer! (*wird Philinten gewahr.*) He da! Philint — was wollt
denn ihr ſchon wieder auf? ich denke, es
rührt ſich kein Mäuschen!

PHILINT. Ich kann nicht ſchlafen.

MORO. Das iſt ein Anders — Hättet ihr
immer vorhin den Ring behalten —

PHILINT. (*mit Abſcheu.*) Bewahre!

MORO. (*macht es ihm nach.*) Bewahre! —
Der Henker hat ihn doch gehohlt!

PHILINT. Ich denke, du haſt ihn Rhizandern wieder gegeben.

MORO. Daſs ich mich nicht ſelber zum
Diebe machte!

PHILINT. Wer ſich des Entwendens nicht

fchämt, darf fich nicht fchämen, das Ent-
wendete wieder zu geben.

MORO. Auch nicht fchämen, fich dafür
aufknüpfen zu laffen?

PHILINT. Das Geftändnifs der Verge-
hungen ift der erfte Schritt zur Verge-
bung. —

MORO. Aber ein verzweifelt halsbrechen-
der Schritt.

PHILINT. Wird er es weniger, wenn
man ihn fpäter thut?

MORO. Eben defswegen lieber gar nicht.
Der Ring ift in guten Händen: wenn es
ihm nicht mehr in der Luft gefällt, wird er
fchon den Weg von felbft wieder nach Haufe finden. Warum zieht er feine Geifter
nicht beffer!

PHILIT. Ein Geift hat ihn alfo? — Den
Augenblick fag' es Rhizandern, damit er
ihn wieder ausforfcht.

MORO. Kommt Zeit, kommt Rath! —
Es gibt jetzt ohne diefs alle Hände voll zu
thun.

PHILINT. Hat er das Unnatürlichfte der
Erde gefunden? Ich zweifle, und weifs
nicht, warum ich zweifle.

MORO. Das Auslefen hat er. Wollt ihr

fie fehen? Drey Narren, einen toller als
den andern, habe ich auf feinen Befehl in
das kleine Gartenhaus eingefperrt.

PHILINT. Aber — doch warum diefes
Aber? — fie follen es feyn — fie müffen
es feyn! — wenn fie es nun nicht wären? — — Ein Gedanke widerftrebt dem
andern. Moro! ich weifs nicht, was in mir
vorgeht.

MORO. Grillen, wie gewöhnlich.

Grillen fängt, wer fangen kann.
Häusler, Gärtner, Bauer, Schöffer,
Lieschen und ihr Edelmann,
Einer fchlechter, einer beffer,
Jeglicher, fo gut er kann.

Grillen hat, was Körper hat:
Wie des Spuhlrad, fo die Scheure;
Wie der Wenzel, der Pagat,
Manches Feile, manches Theure,
Keines minder, als es hat.

Grillen fängt man jederzeit,
Nach dem Spieltifch, beym Gebethe;
Dort nicht klug, hier nicht gefcheut,

Jung zu früh, und alt zu späte,
Fängt sie aber jederzeit. —

Vornehmlich ihr, mein lieber Philint!

PHILINT. Vielleicht! — Indeſs, warum bekämpft ein *Was*, das in mir iſt, das ich aber nicht kenne, alle meine Entſchlüſſe?— Warum kann ich nicht ſchlafen? warum muſs ich eben jetzt in den Garten gehen? warum beantwortet dieſs *Was* alle meine Fragen auf eine Art, wider die ſich meine ganze Vernunft empört?

MORO. Weil es ihm einfällt. Aber im Ernſte; das muſs ein drolliges *Was* ſeyn. Wunders halben, wie thut's denn? wie macht's denn? wie ſpricht's denn?

PHILINT. Weiſs ich's? — Genug, daſs es mehr, als zu ſinnlich, ſpricht. Umſonſt predigt meine Vernunft: Ruhe! Überlaſs dem Himmel Irenens Erweckung! Überall geht ihr Grab mit mir! Überall verfolgen mich Träume —

MORO. Iſt das ſchon lange? —

PHILINT. Lange, ſehr lange, über eine Stunde.

MORO. Eine ſchreckliche Ewigkeit!

PHILINT. Ewig genug für mich. Kann ich

diefen Träumen entfliehen? — Moro! —
doch ich fchäme mich meiner Thorheit —
Moro! — glaubſt du wohl, was mir ahn-
det? — glaubſt du, daſs ich, ich, der noch
heute durch Vernunft ſo glücklich eine Liebe beſiegte, die mir der Himmel verſagte,
gleichwohl eine Zeit hoffe, die mir Irenen
wieder gibt, ſie mir durch mich ſelbſt wieder gibt?

Da liegt, umlacht von Träumerey'n,
Der Held am Ziel der Bahn,
Sucht ihrer Feſſeln frey zu ſeyn,
Und zieht ſie fchärfer an.

Hoch dampft des Weichlings neuem Gott,
Aus laſterhafter Hand,
Der Weihrauch, der, zu ſeinem Spott,
Jüngſt Würdigern gebrannt!

So fchnell, als alles Glück verfliegt,
Verfliegt der Seele Glück!
Was eine Lebenszeit erfiegt,
Verfcherzt ein Augenblick!

MORO. Das kann wohl ſeyn!
PHILINT. Wohl ſeyn? — wenn Leiden-

fchaften unfere Fantafie zerrütten? — O ich
fchäme mich vor mir felbft.

MORO. Gewifs, dafs ihr ein Menfch feyd.
Mit euren verzweifelten Grillen! wenn wir
Bildfäulen wären, fo wären wir Bildfäulen. Da ihr aber ein Menfch feyd, fo feyd
einer! Aus dem ewigen Sittenpredigen
kommt am Ende doch nichts, als ein Gril-
lenfänger, der immer feyn will, was niemand ift, und, wenn wir die Sache im
Ganzen befehen, an der erften der beften
Klippe fcheitert. Mein einfältiger Rath wäre
der, ihr folgtet auf gut Glück euren Ahn-
dungen, und überliefst die Schwärmereyen
einem andern.

PHILINT. Tugend mag bleiben, wo fie
will —

MORO. Überall, wo fie feyn foll; aber
nicht wo fie Tändeley wird. Ohne Leidenfchaft, nach meiner Einfalt, ift der Menfch
eine Mühle ohne Waffer. Es kommt freylich kein Schlamm in die Räder; aber es
fliebt auch verzweifelt wenig Mehl aus
den Mehlbeuteln! —

PHILINT. Moro! Moro! wie beredt macht
dich das Lafter!

MORO. So beredt, dafs fogar der alte

Graukopf meine Redekunſt überſchleichen
will! — Seht ihr's? wie er hinter der He-
cke herkommt —

PHILINT. *(ſieht ſich um.)* Ich kann ihn
in der Verwirrung, in der ich bin, nicht
ſprechen.

(geht unruhig ab.)

DRITTER AUFTRITT.

MORO, RHIZANDER.

MORO.

Ich auch nicht, wenn ich nicht müſste! —
Iſt das ein Menſch! — Hm! hm! hm! — iſt
das ein Menſch! Bewahre mir der liebe
Himmel mein Biſschen Einfalt!

RHIZAND. Die Narren ſind doch alle an
Ort und Stelle?

MORO. Alle, bis auf einen.

RHIZAND. Dich gewiſs?

MORO. Warum nicht gar!

RHIZAND. Wen denn?

MORO. Herr Philinten.

RHIZAND. Philinten? — Nichtswürdiger!
Philinten? — Philinten ſagſt du? — noch
ein Mahl laſs mich ſo ein Wort hören!

MORO. Das will ich wohl bleiben laſſen!

RHIZAND. Nun iſt's Zeit! — Gleich ſage mir, was du dich gegen Philinten unter-ſtanden!

MORO. Das will ich wohl bleiben laſſen!

RHIZAND. Ich will's aber wiſſen!

MORO. Ich will's aber bleiben laſſen!

RHIZAND. Den Hals dreh' ich dir um, wie einer Taube, wenn ich dich noch ein Mahl fragen ſoll!

MORO. Das wäre eine groſſe Kunſt! — wenn's alſo ſeyn *muſs*, ſo *muſs* es ſeyn! — Philint, ſagte ich — dachte ich, fiel mir nun ſo ein — Philint nähmlich —

RHIZAND. Nun Philint! Philint!

MORO. Ja Philint — War's nicht wegen Philints, das ihr wiſſen wolltet —

RHIZAND. Warte! warte! ich will dir Merks kaufen.

MORO. Wenn wir wieder zuſammen kom-men. Irren iſt menſchlich. Philint — jetzt beſinne ich mich — Philint ſcheint mir — *a propos*! ſoll ich etwa die Narren beſon-ders ſperren?

RHIZAND. Immer was Anderes. Antwor-ten ſollſt du, was du dich gegen Philinten unterſtanden —

MORO. Ach, das war nur so ein kleiner Scherz. — In der That, ich weiß selber nicht, was mir einfiel.

RHIZAND. (*hitzig.*) So wollt' ich, daß —

MORO. (*furchtsam.*) Nur gut! nur gut! — Es gibt so — gewisse Leute — die sich — weil sie zu viel studieren, überstudieren — könnte sich nicht auch Einer oder der Andere, weil er zu viel moralisirt, übermoralisiren —

RHIZAND. Ich verstehe dich. Philint also —

MORO. Meint ihr, hat sich übermoralisirt —

RHIZAND. Übermoralisirt — nun!

MORO. Da bin ich eurer Meinung.

RHIZAND. Ich habe nichts gesagt.

MORO. Ihr sagtet ja — Philint hätte sich übermoralisirt.

RHIZAND. Ich?

MORO. Wer sonst? — ich doch wohl nicht!

RHIZAND. Der Possen bin ich satt. Kurz! unterstch' dich noch ein einziges Mahl, nur ein einziges Mahl wieder so einer Frechheit, und ich will das Trinkgeld nicht mit dir theilen! Hiermit das Lied vom Ende! — Wo ist Philint?

MORO. Er geht im Garten fpazieren.

RHIZAND. In der Nacht?

MORO. Es fängt ja fchon der Tag an zu grauen —

RHIZAND. Du träumft —

MORO. Für lauter Wachen: denn ich und der Schlaf haben nun fchon feit geraumer Zeit jeder feine eigene Wirthfchaft.

Doch bey alle dem geht's an,
Dafs man wachend träumen kann.
Mancher grundgelehrte Mann
Wendet Säcke Regeln an,
Träumereyen auszugrübeln:
Und man wollte mir verübeln,
Dafs ich's ohne Regeln kann?

Sind nicht, leider! insgemein
Unfre Pläne Träumerey'n?
Die am meiften uns erfreu'n,
Gehn auch wieder insgemein
Am gefchwindeften zu Grunde;
Und fo hat die neu'fte Stunde
Auch die neu'ften Träumerey'n!

RHIZAND. (*der indefs den Himmel be-*
trachtet.) Du haft doch wohl Recht. Die

Sterne werden bleicher. Bald wird mein Unglück fein Ziel haben. Freue dich doch mit mir, lieber Moro! dafs ich endlich, am äufserften Rande des Verderbens, meiner Errettung in die Hände gelaufen. — Du bift auch gar nicht ein wenig fröhlich!

moro. Nun, wenn ich's nicht bin. — Aber — ein Wort im Vertrauen: feyd ihr auch eures Glücks recht gewifs?

rhizand. Gewifs, fo gewifs — nein, glaubft du im Ernfte, dafs noch ein tolleres Ding auf Erden feyn kann? —

moro. Wenn's aufs Tollfeyn ankommt, fchwerlich — aber das Unnatürlichfte?

rhizand. Nun ja das Unnatürlichfte — ift denn ein Funke von Natur in einem einzigen von allen drey Narren?

Der eine foll ein Schäfer feyn?
Ich wollte, meiner Seelen!
Die Herden, und ihn oben drein,
Am hellen Mittag ftehlen!
Ein Schäfer hat wohl fonft was vor,
Als Mädchen zu befchleichen,
Und in fein fchnarrend Haberrohr
Den ganzen Tag zu keichen.

Der Ritter vollends wär' mein Held!
Was follten mir die Drachen
Mit ihm nicht, in der Riefenwelt,
Für Capriolen machen!
Er, wie der Seele nach von Sturm,
Dem Körper nach von Eifen,
Zerknickte wohl St. Görgens Wurm
Den Kopf, wie jungen Meifen!

Nun noch der wüfte Infelmann,
Und feine Taufendkünfte,
Der alles aus fich felber fpann,
Wie Spinnen ihr Gefpinnfte!
Ein Kleeblatt, das ich nicht für Geld
Auf Märkten zeigen wollte,
Und dem mir eine ganze Welt
Kein viertes fchaffen follte!

MORO. Ich habe nichts dawider einzu-
wenden. Wenn ihr damit fortzukommen
denkt, mir kann's am Ende einerley feyn!

RHIZAND. Und das werde ich auch. Trotz
allen deinen Grübeleyen, werde ich es.

MORO. Viel Glück in voraus! des Menfchen Wille ift fein Himmelreich!

RHIZAND. Philint drückt dich wohl fehr
auf dem Herzen: nicht wahr, der fchlte?

MORO. Was Philint, Philint! Habt ihr
was mit ihm, so habt ihr was mit ihm:
mich geht die Sache nichts an.

RHIZAND. Da thust du auch wohl daran.
Ich möchte wissen, wer dir Narren Philinten in den Kopf gesetzt?

MORO. Je nun, wenn er auch sogar —
nichts habe ich gesagt!

RHIZAND. Dies Mahl will ich's glauben.
Nimm dich in Acht, Moro! nimm dich in
Acht! wenn die Musik ein Mahl angeht,
werden wir einen wunderlichen Tanz machen! —

MORO. Eins nach dem andern. Schnelle
Sprünge gerathen selten.

RHIZAND. Es wird licht über den Ber-
gen. Ich darf keine Zeit verlieren — Dafs
mir nicht etwa Philint mitten in der Arbeit über den Hals kommt — das bitte ich
mir aus —

MORO. Wenn's sonst keine Noth hat:
vor dem ist gebethen.

RHIZAND. Das will ich auch hoffen. —
Da nimm dort das Grabscheit, und stich
mir rücklings drey Stückchen Rasen ab,
und bringe sie her: aber sieh dich nicht
um! —

MORO. *(der das Grabscheit nimmt.)* Von dem hier?

RHIZAND. Vom erſten, vom beſten. Hübſch tief — haſt du denn kein Mark mehr in den Knochen? es geht ſo lahm — nun, den dritten auch — Da bring' ſie her — hierher! Siehſt du denn nicht?

MORO. Der Arbeit bin ich ſatt. Darf ich mich wieder umſehen?

RHIZAND. *(der den Raſen in Form eines kleinen Altars zuſammen ſetzt.)* Hohle drey Hände voll Farrenkraut, und eben ſo viele Lorberblätter. Sie ſtehen gleich dort bey der groſsen Pappel. Das Farrenkraut iſt nicht weit davon! — *(indem er ſich mit dem Altare beſchäftiget.)* Du konnteſt auch wohl ein gröſseres Stück abſtechen! — ob es etwa hier geht — ja, da ging's — Macht man ſich nicht voll Thau! — *(zu Moro.)* Wo bleibſt du aber?

MORO. Eben komme ich! — Da iſt die ganze Beſcherung. Wo ſoll ich's hinthun?

RHIZAND. Nur hergelegt! ſieh ein Mahl, ob es bald Tag werden will —

MORO. So unrecht ſicht es mir nicht da-zu aus!

RHIZAND. *(wirft die Kräuter auf den*

Altar.) Komm her! — da fieh rechter Hand! fiehft du den Ahornbaum —

MORO. Ja.

RHIZAND. Gleich darunter wirft du was Weifses fehen —

MORO. Ja.

RHIZAND. Das brich ab, und komm her, und wirf es auf den Altar: und fo bald du es hingeworfen, fo lauf, was du laufen kannft, und fieh dich nicht um, es mag hinter dir vorgehen, was da will. In einer Weile werde ich dir klingeln. So bald ich das dritte Mahl klingle, fo lafs die Narren aus dem Gartenhaufe, und bringe fie hierher. Haft du mich verftanden?

MORO. Wieder eine fchöne Commiffion!

RHIZAND. Nun fo geh! —

(*Er macht mit feinem Stabe einen Kreis um den Altar, und murmelt einige unverftändliche Worte.*)

MORO. (*indem er es bringt.*) Da habe ich's! (*Rhizander winkt Moro'n, er foll nicht reden. Moro wirft es auf den Altar, der fich mit einem Knalle entzündet, und nach einem dicken Dampfe in der plötzlichen Erleuchtung des Grabmahls verfchwindet. Moro läuft fchreyend fort.*)

VIERTER AUFTRITT.

RHIZANDER.

Sey mir gegrüfset, Stunde meiner Errettung! Beflügle mein Glück, das in deinem
Arme zu feinem alten Freunde kehren will.
Jede entfchlafne Freude wacht erquickter
in mir auf, und macht meinen Kummer zu
einem Traum, der mich vielleicht quälte,
um deflo mehr Gutes zu bedeuten.

Geh' auf, erwünfchter Morgen!
Und bringe deinen Segen
Dem lauten Dank' entgegen,
Der fchon entgegen eilt!
  Ertödte die Sorgen
  In Jubeln der Wonne,
  Entzückende Sonne!
  Der Sturm ift zertheilt!
Geh' auf, erwünfchter Morgen!
Und bringe deinen Segen
Dem lauten Dank' entgegen,
Der fchon entgegen eilt!
         (Er klingelt drey Mahl.)

FÜNFTER AUFTRITT.

NIX, SALAMANDER, KOBOLD, RHIZANDER.

DIE GEISTER.

(Sie tanzen auf einmahl von verschiedenen Seiten herzu, und singen im Tanz).

Freuden Armiden, und Segen dem Mann,
Der sich die Herzen der Geister gewann!
  Opfert ihm Treue!
  Alles gedeyhe,
  Was er begehrt!
  Opfert ihm Ehre!
  Schrecken verzehre,
  Wer ihn entehrt!
Freuden Armiden, und Segen dem Mann,
Der sich die Herzen der Geister gewann!

RHIZAND. Freuden auch euch, meine Getreuen! — Endlich sind wir nahe am Ziele — Wehe aber uns, wenn uns noch hier ein feindliches Schicksal in die Zügel fällt! — Euer Eifer ist meinem Wunsche zuvor gekommen. Ich verlangte eure Gegenwart. Wie ich sehe, kommt Moro mit seinem

Kleeblatt. Bleibt hier, und theilt mit mir
die Gefahren des Ausgangs.

DIE GEISTER. (*tanzend.*)
Freuden Armiden, und Segen dem Mann,
Der sich die Herzen der Geister gewann!

SECHSTER AUFTRITT.

SCHÄFER, RITTER, ROBINSON, MO-RO UND DIE VORIGEN.

SCHÄFER.
(*umarmt hastig Rhizandern.*)
Sey mir gegrüſst! Beym Pan! ich habe
mit Schmerzen deiner gebarret!

MORO. (*zu dem Robinson.*) So lange ihr
wollt: aber jetzt könnt ihr doch wohl einen
Augenblick die Zunge ruhen laſſen! —

ROBINSON. (*der ihn zurück hält*) Nur ein
Wort! — Kaum stachen wir in die See,
als einer unsrer Matrosen —

KOBOLD. Friede! Friede!

MORO. Es ist Hopfen und Malz an ihm
verloren!

ROBINSON. Einer unsrer Matrosen —

ſag' ich, aus Unvorſichtigkeit über Bord
ſiel —

ĸoʙoʟᴅ. Laſt ihn fallen, und ſchweigt!

ʀoʙɪɴsoɴ. Es war ein muthwilliger junger Menſch —

ĸoʙoʟᴅ. Und ihr ein unausſtehlicher alter Schwätzer! ich ſehe es ſchon, es geht
nicht in Gutem —

ʀoʙɪɴsoɴ. Er hatte das Seinige im
Spiel verthan, und muſste nunmehr —

ĸoʙoʟᴅ. (*berührt ihn mit einem Stäbchen.*) Das Maul halten! Weiter im Text,
wenn ihr könnt!

> (*Robinſon klagt mit Geberden Rhi-
> zandern, daſs man ihn ſtumm
> gemacht.*)

sᴄʜäꜰᴇʀ. Wider das Stummſeyn, mein
lieber Satyr, iſt kein beſſeres Mittel, kein
Mittel, das ſicherer ſeinen Verdruſs lindert,
als allein die Geduld; ein leichtes angeneh-
mes Mittel, unter den Menſchen nicht
fremde, und doch ſo ſchwer zu finden! (*zu
dem Ritter, der bisher, auf ſeine Lanze
geſtützt, in unverrückter Stellung Irenens
Grabmahl angeſtarrt.*) Du wirſt es wiſſen,
der du ein verliebter und mancher Schmerzen erfahrner Mann biſt.

RITTER.

(der wie aus einem Traum erwacht.)

Häfte deiner Augen Gluth

Auf den Marmor diefer Wüfte,

Welchen meiner Thränen Fluth,

Wär's auch Fels, erweichen müfste!

  Soll Afpafia allein

  Schnöden Riefen fich vertrauen?

  Sie mein Rachfchwert nicht zerhauen,

  Und in Wirbelwinde ftreu'n?

Häfte deiner Augen Gluth

Auf den Marmor diefer Wüfte,

Welchen meiner Thränen Fluth,

Wär's auch Fels, erweichen müfste!

MORO. Der Schwätzer ift ftumm; ich dächte den machten wir blind!

SCHÄFER. Deine Liebe ift keine Liebe, die auf Rofen fchläft; fie ift verderblich und voll Wuth!

NIX. *(zu Moro'n.)* Nicht auch den taub, damit er nicht antworten kann?

MORO. Es wär' ein Aufwafchen!

RITTER. Verderben und Wuth über den Verräther, der zwanzig Monden lang in in diefer fchnöden Sclaverey den Polarftern meiner Hoffnungen mit neidifchen Wolken bedecken konnte! —

SCHÄFER. Warum härmft du dich aber auf der blumenreichen Aue, vom frühen Morgen an, um deine Afpafia, und nährft in deiner Bruft die unglückfelige Wunde, die dir der blutige Pfeil der mächtigen Cypria gefchlagen?

RHIZAND. Zur Sache, zur Sache! Was nützt das Gefchwätz? (*zum Schäfer.*) Komm her; fieh hier das Grab —

SHÄFER. Da Daphnis blutig fiarb, da weinten alle Nymphen —

RHIZAND. Meinetwegen alle Ziegen!

SCHÄFER. Kein Hirt trieb in denfelben Tagen die weidenden Ziegen ans Ufer des Bachs —

RITTER. (*zu Rhizandern.*) Entfleuch meinem gefchwungenen Schwert —

RHIZAND. Lafst's ftecken, lafst's ftecken! Ihr follt eure Afpafia bekommen! — (*zu den Geiftern.*) Rührt euch doch, dafs wir etwa in Ordnung kommen! —

RITTER. (*zu Rhizandern.)* Alfo, tapferer Ritter, kann der unglückliche Liebhaber ihrer Reize das erfte Mahl hoffen? — Wird vor meiner Beftändigkeit und geprüfter

Treue endlich doch Aſpaſiens Felſenherz ſchmelzen?

SALAMAND. Wie Butter an der Sonne; aber ihr müſt auch das Eurige beytragen! — (*zu dem Robinſon, der bisher einem nach dem andern ſein Stummſeyn mit lächerlichen Poſituren gezeigt.*) Nur Geduld! ihr ſollt ſchon wieder ſchwatzen lernen. (*zum Ritter.*) Fürs erſte müſt ihr alles thun, was dieſer tapfre Ritter (*er zeigt auf Rhizandern*) verlangt. Wollt ihr?

RITTER. Und du zweifelſt noch? Schlage mich in Feſſeln, quäle mich, tödte mich — um Aſpaſien iſt mir der Tod —

SALAMAND. Ey! was Tod, was Tod! — das wäre der Mühe werth! — Ihr dürft euch dabey ſo leidend verhalten, als möglich. Da tretet her! — (*er führt ihn an eine Seite der Bühne.*) Hier bleibt ſtehen, ohne ein Wort zu reden, ohne einen Schritt vor- oder rückwärts zu thun, bis ich's euch ſage.

RITTER. Und die angebetheten Reize Aſpaſiens —

SALAMAND. Ja, wenn ihr reden wollt, ſo geht alles den Krebsgang.

(*Der Ritter bleibt, auf ſeine Lanze geſtützt, unbeweglich ſtehen.*)

RHIZAND. (*zum Schäfer.*) Hier, lieber Schäfer! fiehft du ein Grabmahl.

SCHÄFER. Wie der Weinftock die Bäume ziert, und die Traube den Weinftock; wie der Stier die Herde, und die Saat das fette Land: fo zierteft du, o Daphnis, deine ganze Flur. Nun dich das Verhängnifs von uns geriffen —

RHIZAND. Wohl dem! aber hier gehört's nicht her. Lafs dich belehren. In diefem Grabe —

SHÄFER. Ihr Hirten, beftreut den Boden mit Laub; brecht Zweige von den Bäumen.

RHIZAND. Ja doch, aber — .

SCHÄFER. Und kränzet die Brunnen; alfo will Daphnis verehrt feyn; und —

RHIZAND. Es foll alles gefchehen, aber —

SCHÄFER. Und grabt diefe Schrift auf das Grabmahl: Ich war Daphnis, von den Wäldern bis zu den Sternen berühmt; meine Herde. —

RHIZAND. Mit goldenen Buchftaben, und den ganzen Daphnis in Silber oben drauf! —

SCHÄFER. Was foll ihm das Gold? — Nicht Talente Goldes will ich mir wünfchen —

RHIZAND. O fo hör' ein Mahl auf! Es wird einem der Kopf fchwindlich.

NIX. Den Daphnis follft du wieder erwecken; das will er von dir. Aus deinem Gefchwätze wird ja kein Menfch klug.

SCHÄFER. Den Daphnis erwecken? und ich den Daphnis? — Spotte nicht länger der Hoffnung des zärtlichften Freundes —

NIX. Freylich follft du ihn erwecken. Was ift denn meine Rede? —

RHIZAND. Geh hin, und umfaffe mit ausgefpannten Händen das Grab: das ift die ganze Kunft!

SCHÄFER. (*jauchzend.*) Und nun ift Freude im Haine; nun jauchzt die weite Flur, und Pan, und die Schäfer, und alle Dryaden! —

(*Läuft mit ausgeftreckten Armen auf das Grabmahl zu.*)

RHIZAND. (*fällt ihm in den Arm.*) Halt, halt! nicht fo hitzig! Eilen thut kein Gut. Ich habe auch noch ein Wörtchen zu reden!

SCHÄFER. Schrecklich ift dem eilenden Wandrer der Bifs einer Schlange; fchrecklich der Wolf meiner weidenden Herde: aber fchrecklicher du dem zögernden Fufse des Freundes.

RHIZAND. Ein Augenblick ist kein Jahr.
Du wirst dich doch so lange gedulden
können?

NIX. Ich will dir's schon sagen, wenn's
Zeit ist!

SCHÄFER. Ich klage den Daphnis: der
schöne Daphnis ist nicht mehr!

NIX. Er wird schon wieder werden.

RHIZANDER.

(fällt vor dem Grabe nieder.)

Erhebe dich! erhebe dich! Armide!
Mit Jauchzen eilt, von deinem Thron,
        der Friede
Gestärkter meiner Seele zu!
    Sich (kann es je gefunden werden)
    Das Unnatürlichste der Erden!
    Ich, Göttinn, rathe: wähle du!
Erhebe dich! erhebe dich, Armide!
Mit Jauchzen eilt, von deinem Thron,
        der Friede
Gestärkter meiner Seele zu!

(steht auf.)

NIX. *(zum Schäfer.)* Nun auf gut Glück!
SCHÄFER. *(indem er hastig das Grab um-
schließst.)* Geh heraus aus dem Grabe: geh

heraus aus dem Grabe, o Daphnis! und lerne das Lied, das geftern erft Lykas mich lehrte! — (*das Grab verdunkelt fich.*) Du verziehft noch? — (*indem er fich von dem Grabe los reifst.*) Ich klage den Daphnis: der fchöne Daphnis ift nicht mehr!

NIX. (*traurig.*) Ift leider nicht mehr!

RHIZAND. Betrügliche Hoffnungen! — Doch ich verzage noch nicht!

SALAMAND. (*zum Ritter.*) Nun kommt die Reihe an euch!

RITTER. Sind die Drachen gefeffelt?

SALAMAND. Wie die Schoofshündchen!

RITTER. Hat man den Riefen zerhauen, und in das Meer geworfen?

SALAMAND. Ein Stück dahin, das andere dorthin!

SCHÄFER. Ich klage den Daphnis: der fchöne Daphnis ift nicht mehr!

SALAMAND. (*zum Schäfer.*) Mag's doch! (*zum Ritter.*) Geht nur hin zu dem Schloffe, das ihr vor euch feht: alle Riefen find niedergemetzelt. Umfafst es mit beyden Armen, und feht, ob es nicht auffpringen wird.

RITTER. Aber der Zauberer Morzon wird doch noch meinen Dolchftofs auffangen, und

fein verrätherifches Herz an der Spitze meines Schwertes zittern?

SALAMAND. Es ift alles niedergehauen!

SCHÄFER. Ich klage den Daphnis: der
fchöne Daphnis ift nicht mehr.

SALAMAND. (*zum Schäfer.*) Sind wir denn
taub? Ift er nicht mehr; fo ift er nicht mehr!
was hat es den weiter auf fich?

SCHÄFER. Ich klage den Daphnis: der
fchöne Daphnis ift nicht mehr.

SALAMAND. Lafst den Narren geh'n!
(*zum Ritter.*) Thut, was ich euch gerathen habe! —

RITTER. (*zieht fein Schwert.*) So mufs man
mit dem Schwerte in der Fauft das Gefäng-
nifs befteigen, worin verrätherifche Zauberer unfre Seele gefeffelt halten.

(*Er umfafst das Grabmahl, das fich
noch mehr verdunkelt.*)

RHIZAND. (*ängftlich.*) Unfre Hoffnung ift
umfonft — Ach! Armide! Armide!

KOBOLD. Nur Ruhe! nur Ruhe! (*reifst
den Ritter vom Grabmahl.*) Weg da!

RITTER. (*zum Kobold.*) Nicht näher —
oder es wäre dir beffer, dafs du nie das
flammende Meer der Sonne gefehen hät-
teft —

KOBOLD. *(fohländert ihn unwillig auf
die Seite.)* Hier werden wir lange Compli-
mente machen. *(Zum Robinfon, der fchmol-
lend auf einem Winkel gefianden.)* Her
mit dir!

RITTER. Nichtswürdigfter unter dem Himmel! und du unterftehft dich —

KOBOLD. Ich fragte im Guten, ob ihr
gehen wollt? — *(zum Robinfon.)* Du haft
gefehen, wie es die andern gemacht; geh',
und umfaffe das Grab; oder du follft fo
ftumm bleiben, wie ein Fifch. *(Der Ritter
nimmt feine vorige nachdenkende Pofitur
an.)* Nun, wüfter Infelmann! wie lange foll
es währen? *(Der Robinfon macht Zeichen,
dafs er feine Rede wieder verlange.)* Wenn
du es gethan haft, aber eher nicht ein Wort!

MORO. Gönnt ihm doch die kleine Freude. Reden ift das halbe Leben.

KOBOLD. Nun fo plaudere, wenn du
plaudern mufst!.

(berührt ihn mit feinem Stäbchen.)

ROBINSON. *(mit aufgehobenen Händen.)*
Dem Himmel fey ewig Dank! Nun will
ich mich recht fatt fprechen! *(zu Moro.)*
Ja, was ich euch vorhin fagen wollte, der
Matrofe —

KOBOLD. Matrofe hin, Matrofe her! Du follſt thun, was ich haben will, und keinen Dank dazu.

ROBINSON. Ich will ja alles thun, laſst mich nur auserzählen. Der Matrofe, wollte ich fagen —

KOBOLD. Du follſt aber nicht!

SCHÄFER. Ich klage den Daphnis: der fchöne Daphnis ift nicht mehr.

ROBINSON. Nein, fo hiefs er nicht — Mor — Mor — Morwek hiefs der Matrofe —

KOBOLD. Mit deinem verdammten Matrofen — Kurz und gut: willſt du, oder willſt du nicht? —

ROBINSON. Darf ich aber darnach erzählen, fo lange ich will? —

KOBOLD. Meinetwegen immer und ewig — nur jetzt nicht.

RHIZAND. Macht fort! Ich kann die Unruhe nicht mehr ertragen!

KOBOLD. Nun, wie lange wird's aber? —

ROBINSON. Nur ein einziges Wort —

SCHÄFER.

Vor des Herbſtes ernſterm Blick
Fliehn die Rofen unfre Kränze:

Dennoch kehrt, im nähſten Lenze,
Jede reizender zurück!

Auch vor ſeinem ernſtern Blick
Flohn die Roſen Daphnis Kränze;
Jhm nur kehrt im näh'ſten Lenze
Keine reizender zurück!

KOBOLD. So ſinge, daſs du ſingen muſst!
Iſt man mit einem Narren fertig, ſo kommt
der andere. (*zum Robinſon.*) Foit!

ROBINSON. Ich muſs ſchon in einen ſauern
Apfel beiſsen!

(*Er umfaſst das Grabmahl, das
ſich gänzlich verdunkelt.*)

RHIZAND. (*verzweiflungsvoll.*) Ich bin
verloren. Erde! ich ſehe dich das letzte
Mahl!

ALLE GEISTER. Wir ſind verloren! Alles iſt umſonſt;

SIEBENTER AUFTRITT.

DIE VORIGEN, PHILINT.

PHILINT.

(indem er sich plötzlich zu dem
Grabmahle stürzt, und es
umfaßt.

Ich kann nicht widerstreben! Ich kann
nicht widerstreben! Erwache, Irene! Erwache!

(Das Grab wird erhellt. Die obige
kleine Flamme fährt auf das-
selbe hernieder: Es öffnet sich:
und die erweckte Irene steht vor
den Augen der Bestürzten.)

ACHTER AUFTRITT.

DIE VORIGEN; IRENE.

PHILINT.

Was habe ich gethan! — Wo verberge
ich mich vor mir selbst —

RHIZAND. *(der ihn umarmt.)* O mein
Philint! du gibst mir mein Leben wieder!

IRENE. *(die furchtsam zurück führt.)*

Wo bin ich? — rettet mich! rettet mich! —
da ſteht der Verfolger meiner Tugend! —
bey Armiden! Nicht nâher, Grauſamer!

RHIZAND. Vor wem zitterſt du? — Fürchte dich nicht, Irene! Ich verfolge dich
nicht mehr!

IRENE. (*die in Philints Arme läuft.*) Sieh,
wie die Augen funkeln! Rette mich, Philint! rette eine arme Verlaſſene!

PHILINT. (*zerſtreut.*) Vergib, Irene —
vergib — er wird dir nichts — er ſoll dir
nichts — Ach! Irene!

IRENE. Auch du biſt mein Feind? auch
Philint kennt mich nicht mehr? Ich ar-
mes Kind!

PHILINT. (*noch zerſtreuter.*) Ich kenne
dich! — ich bin nicht dein Feind — aber —
o Leidenſchaft! Leidenſchaft! — laſs mich!
ich muſs fliehen! —

IRENE.

Und auch du, mein einzig's Glück!
Windeſt dich aus meinen Armen?
Göttinn! gib mir ſein Erbarmen,
Oder meinen Tod zurück!
Welch eine himmliſch ſüſse Nacht
Umwölkte meine Augenlieder!

Zu welchem Unglück bin ich wieder
Aus diefem Götterfchlaf erwacht!
Und auch du, mein einzig's Glück!
Windeft dich aus meinen Armen?
Göttinn! gib mir fein Erbarmen,
Oder meinen Tod zurück!

PHILINT. Um dein felbft willen, Anbethungswürdige — was will ich fagen —
Irene — ja ich — ich kann nicht länger —

IRENE. Du kannft nicht länger? — Uner-
bittlicher! du willft mich nicht fchutzen! —
Warum entriffeft du mich dem Grabe?
Warum kannft du mich nicht fchützen?
Mich kannft du nicht fchützen?

PHILINT. Ich will dich fchützen — nichts
foll dich mir wieder entreifsen — ach Irene! — Faffe dich, Herz — kraftlofes, elen-
des Herz!

RHIZAND. Alles ift mir ein Traum. —
Welche Unruhe, liebfter Philint! Du baft
deine Irene wieder; was fehlt deinem
Glücke?

PHILINT. Meine Tugend!

RHIZAND. Deine Tugend? um Armidens
willen! Deine Tugend?

PHILINT. Sie ift verloren! alle Stand-

haftigkeit ift auf ewig aus meiner Seele verbannt. Leidenfchaft wüthet in ihr, und —
verlafst mich Elenden!

MORO. Das kommt aus Grillenfänge-
reyen!

RHIZAND. Dich verlaffen?

IRENE. (*feft an ihn gedrückt.*) Nun und
nimmer dich verlaffen! — Unglücklicher
Freund einer unfchuldig Verfolgten! noch
mit fterbender Hand will ich dich umfaf-
fen —

PHILINT. Du zerreifseft mein Herz! Da
nagt der Wurm! — ha! wie die Rofe
welkt — ich kann nicht — ich kann nicht —

RHIZÁND. UND IRENE. (*zugleich.*) Hülfe! Hülfe!

PHILINT. Seht! wie er lacht! — der
Graufame! — ich bin überwunden! (*fällt
an Irenens Bruft.*) Ich bin überwunden!

NEUNTER AUFTRITT.

DER SYLPH, UND DIE VORIGRN.

SYLPH,

Was habe ich angeftiftet! — beruhige
dich, Philint! nur einen Augenblick beru-

hige dich! Ich bin der einzige Urheber deines Unglücks!

PHILIKT. (*der wieder zu sich kommt.*) Was willst du? — willst du mir auch meine Irene tödten? (*weist auf seine Brust.*) Hierher! — hierher den Dolch!

SYLPH. Den Ring wirf weg, der die unglückliche Verwandlung verursacht!

PHIL. RHIZ. IRENE, (*zugleich.*) Welchen Ring?

SYLPH. Den Ring der Untrüglichkeit, den ich, meine Rache wider Rhizandern auszuführen, im Schlafe heimlich in deine Kleider versteckt, und der dich in das äusserste Verderben stürzen kann, wenn er einen Augenblick länger eine Leidenschaft unterhält, die allein zu Irenens Erweckung nöthig war!

RHIZAND. Du bist also der Bösewicht, für den ich den unschuldigen Moro gehalten?

SYLPH. (*dem Moro einen Wink gibt.*) Und der unschuldige Moro wirklich gewesen; denn von ihm habe ich ihn erhalten. Ich erfuhr hierdurch, ein Mensch ohne Leidenschaft sey das Unnatürlichste der Erde. Wer war dieß mit größerm Recht, als

Philint? — Ihm alſo ſtellte ich, ohne ſein
Wiſſen, meinen Rathgeber zu. Der erſte
Gedanke an Irenens bevor ſtehende Erweckung ſetzte ſeine Kraft in Bewegung. Philint erkannte ſich für den, dem dieſe Erweckung aufgehoben ſey. Umſonſt ſuchte er
dieſe Ahndung zu erdrücken: Leidenſchaft
und Vernunft, Trieb und Pflicht kämpf-
ten wechſelnd in ſeiner Seele. Sie war ihrer nicht länger mächtig. Ihr wiſſet das
Übrige. Entferne den unglücklichen Ring!
    (Während deſſen wechſeln Rhizan-
        der und Moro Mienen.)

IRENE. Unglücklichſter Freund! wie viel
haſt du meiner Erweckung aufgeopfert!
Kann ich dir gar nichts aufopfern? gar
nichts aufopfern?
    (ſieht ihn mit der zärtlichſten Zer-
        ſtreuung an.)

PHILINT. Wer kann dieſem Blicke wider-
ſtehen! — (*Umarmt Irenen.*) Dein Herz! —
Dein Herz! — Ich ſterbe für Entzücken! —

Ich ſterbe für Entzücken!
In trunknen Nebeln flieht
Die Welt aus meinen Blicken!
Die heiſse Zunge ſtammelt!

Die ganze Seele glüht!
  Schone, Gott des Taumels! schone!
  Willig schwört mein Herz dem Throne,
  Der alles mit Fesseln umzieht!
Ich sterbe für Entzücken!
In trunknen Nebeln flieht
Die Welt aus meinen Blicken!
Die heiße Zunge stammelt!
Die ganze Seele glüht!

LETZTER AUFTRITT.

ARMIDE, UND DIE VORIGEN.

*(Sie kommt auf einem Wagen, von
   Drachen gezogen, aus den
   Wolken hernieder: die Flam-
   me über dem Grabe verlöscht.)*

RHIZANDER.

Armide! Armide!
  (Fällt zur Erde: alles ist erschrocken.)
ARMIDE.

Erkenne deine Mutter, mein Philint!
Des Schicksals Schluß, Beglückter, ist erfüllt!
Als ich dich zu gebären rang, und jetzt
Das Schicksal dein Verhängnis wog, da ward

Mir eine Stimme: „Im verlaſsnen Wald"—
So, däucht mich, rief ſie: „Im verlaſsnen Wald
„Weint bald ein Mädchen: einſt am Grab'
   vereint
„Das Unnatürlichſte der Erden ihr
„Und deines Sohnes Glück!" — Zwey
   Jahr darauf
Fand ich im Wald Irenen ausgeſetzt,
Ein weinend Mädchen, nahm ſie auf, und gab
Rhizandern ſie, mit dir ſie zu erziehn.
Unmerklich wuchs der Keim der Harmonie
In beyder Bruſt. Doch ſchwärmende Vernunft
Erſtickte bald in dir ſie, mein Philint!
Betrübter ſann ich oft ſeit dem dem Schluſs
Des Schickſals nach — rieth, und errieth
   ihn nicht;
Denn auch den Göttern iſt er Nacht. —Indeſs
Ergriff der Rache Schwert Rhizandern,
   und durch ihn
Des Todes Pfeil Irenen — mir ein Dolch
Durchs Herz — dem Frevler ein verzeh-
   rend Feuer! — Wuth
Umbrütete drey Tage meinen Thron,
Und forderte von des Verruchten Hand
Ihr Leben; doch vergebens. —Plötzlich ging
Ein dunkler Strahl von Hoffnung in mir auf.
Vereint vielleicht, indem es ſie erweckt,

Am Grab das Unnatürlichſte der Welt,
Ihr und Philintens Glück — ſo dacht' ich, ſtieg
 Herab zu dem Verräther, und befahl
Ihm, mir es auszuforſchen — Doch umſonſt!
Nicht Schwärmerey verrückter Fantaſie,
Das Übermaſs der Tugend war's; ein Menſch,
Menſch ohne Leidenſchaft —
Du warſt es, mein Philint! So durch dich ſelbſt
Vereinte ſich dein und Irenens Glück.
Am Grab' iſt ganz des Schickſals Spruch erfüllt!

Genieſst, nunmehr vereinte Beyde!
Der Stunden, ſo die Liebe weiht.
Ein Augenblick verſäumter Freude
Wird kaum in Jahren g'nug bereu't.
  Der Leidenſchaften ſich zu ſchämen,
  Setzt Menſchen in der Steine Zunft:
• Nicht ſie zu feſſeln; ſie zu zähmen,
  Ward euch der Zügel der Vernunft.
Genieſst, nunmehr vereinte Beyde!
Der Stunden, ſo die Liebe weiht.
Ein Augenblick verſäumter Freude
Wird kaum in Jahren g'nug bereu't.

PHILINT. (*der ſich allmählich aus ſeiner
Beſtürzung erhohlt.*) In dieſer Sorgfalt er-
konne ich meine Mutter! — Ich werde ru-

higer — Dank dir, wohlthätige Göttinn!
die meine sturmvolle Seele wieder besänf-
tigte! Also war ich das Unnatürlichste der
Erde — ich? — ja, das war ich. Kalt, wie
Eis, und bey dem ersten Funken eine zi-
schende Flamme! — was aber wollte ich
nicht um Irenen seyn!

(indem er sie zärtlich umarmt.)

ARMIDE.

Der Glücklichste, der sollst, der wirst du seyn!
Umarme mich! — (*zu Irenen.*) Auch du,
   mein zweytes Kind!
Und nun besteigt mit mir den Wagen — eh
Das nahende Verderben unter euch
Noch (*indem sie auf Rhizandern zeigt*) die-
   sen Abscheu der Natur verschlingt!

RHIZAND. (*mit aufgehobenen Händen.*)
Erbarmung! Erbarmung!

ARMIDE.

Erbarmung? — dir? — Tod ist Erbarmung g'nug!
PHILINT. Nicht, meine Mutter! Unser
Bündniss muss ohne Blut seyn! Er hat ge-
nug gebüsst.

ARMIDE.

Hat er das Band des Räthsels aufgelöst?
Er oder du Irenen auferweckt?
PHILINT. Er gewollt, ich gekonnt! Ver-

zeih' ihm, bey meiner Liebe beschwöre ich
dich! verzeih' ihm!

IRENE.

Deine Tochter fleht zu dir!
Laſs mich dieſen Nahmen wagen!
Könnte meine Mutter mir
Eine Bitte wohl verſagen?
   Keine Drohung blut'ger Rache
   Miſch' in unſer Glück ſich ein!
   Strafen iſt der Menſchen Sache;
   Eine Göttinn muſs verzeihn!
Deine Tochter fleht zu dir!
Laſs mich dieſen Nahmen wagen!
Könnte meine Mutter mir
Eine Bitte wohl verſagen?

ARMIDE.

Du forderſt viel. Am wenigſten um dich
Hat er's verdient, der Sclave! — doch es ſey!
Er lebe denn, in dieſen Wald verbannt,
Und ohne Macht, ſo lang' es ihm gefällt!

PHILINT. Ohne Bedingungen, meine
Mutter! keine Wolke muſs deine Gnade
verdunkeln. Laſs ihm die vorige Macht;
ſein Unglück wird dir für ihren Gebrauch

bürgen. Ohne sie ist ihm das Leben ein
trauriges Geschenk.

ARMIDE.

Doch ein Geschenk, wie er's verdient. —
Indeſs,

Daſs meine Huld nichts zu verdunkeln
scheint,

Sey dir's gewährt — Weh aber ihm! wenn er
Der Macht Gebrauch zum zweyten Mahl
verkennt!

PHILINT. Das wird er nicht. Willſt du
ihm aber ein überzeugendes Beyspiel einer
wohl gebrauchten Macht geben, so gib diesen drey unglücklichen Geschöpfen (*indem
er auf den Schäfer, Ritter und Robinson
zeigt, welche die ganze Zeit über in einer
tiefen Betäubung geſtanden*) ihre Vernunft
wieder!

ARMIDE. (*zu Rhizandern.*)

Berühre sie mit deinem Zauberſtab!

(*Rhizander berührt sie mit seinem
Stabe, worauf sie sich nach und
nach aus ihrer Betäubung er-
hohlen.*)

IRENE. Welche Leute! was wollen die
bey uns?

PHILINT. Dich erwecken, meine Geliebte!

SCHÄFER. Träume ich, oder wache ich? Wo bin ich? Wer feyd ihr? Wer hat mich fo angezogen?

ROBINSON. Was ift das für Volk um mich? Wie feh' ich denn aus?

RITTER. Das geht nicht von rechten Dingen zu! Bin ich hierher geflogen oder geritten? und, ich glaube gar, im Panzer —

ROBINSON. Ich wie ein wilder Mann! und eine Flinte —

SCHÄF. Nein, fagt mir, wer ich bin?

ROBINSON. Sage mir erft, wer ich bin?

RITTER. Narren find wir: wenn jetzt nicht mehr, wenigftens gewefen. Mir geht ein Licht auf. Gute Nacht, Ritterbücher!

SCHÄF. Ich will doch nicht hoffen, dafs mir meine Schäferdichter den Verftand verrückt?

ROBINSON. Wenigftens mir die verdammten Reifebefchreibungen! —

PHILINT. Ihr werdet fchon darüber mit einander einig werden. Schäfer, Ritter, Robinfon und übertriebene vollkommene Charaktere, meines gleichen, find eine Schwärmerey der Fantafie wie die andere; nur jede aus einer andern Zeit! — Auch ich bin von meiner Ausfchweifung zurück gekommen. (*zu den Sylphen.*) Dank fey deiner Lift, mein lieber Sylph!

MORO. Und meinem Ring — lieber Philint! —

PHILINT. Du erinnerft mich: hier, Rhizander, *(indem er den Ring fucht)* haft du ihn wieder!

MORO. Ich bekomme nichts?

PHILINT. Den beften Herrn in Rhizandern! —

MORO. Wenig genug!

ARMIDE.

Eilt, meine Kinder, nun in meinen Arm!
Vertraut euch diefem Wagen kühn, und theilt,
Bald durch ein unauflöslich feftlich's Band
Vereint, mit mir die Herrfchaft meines Throns!

PHILINT, IRENE.

DUETT.

PHILINT.

Ewig wirft du mein
Und unfterblich feyn!

IRENE.

Ewig werd' ich dein
Und unfterblich feyn!

PHILINT.

Göttlich wird dich, schönstes Kind!
Diese Hoheit schmücken!

IRENE.

Aber nur durch dich, Philint,
Wird sie mich entzücken!

PHILINT.

Lebe wohl, geliebter Hain,
Der mich ihr gegeben!

IRENE.

Lebe wohl, zersprung'ner Stein,
Der mich ihm gegeben!

PHILINT.

Ewig wird sie mein
Und unsterblich seyn!

IRENE.

Ewig werd' ich dein
Und unsterblich seyn!

*(Sie steigen auf den Wagen, der
sich empor hebt, und nach und
nach aus dem Gesichte verschwindet. Die Sonne geht auf.)*

CHOR DER ZUSCHAUENDEN.

Die Fülle der Liebe, die Fülle der Freude,
Umschatt' euch, bekrön' euch, unsterbliche
Beyde!

Seyd, ewig vom Frühling der Jugend erhellt,
Des Himmels Bewund'rung, die Wonne
der Welt!

DIVERTISSEMENT.
(*Nach einigen Tänzen der Geister.*)

RHIZAND.

Allgemein
War der guten Göttinn Huld!
Allgemein
Sey die Tilgung meiner Schuld!
Lebe, todter Stein!
Lebe wieder,
Deiner Glieder
Tanzend dich zu freun!

(*Er berührt die Statuen mit seinem
Zauberstabe: sie fangen an zu
leben, und mischen sich eine
nach der andern in den Tanz
der Geister.*)

VAUDEVILLE.

SCHÄFER.

Wie lang' verscherzt man, was man hat,
Um, was man nicht hat, zu entdecken!

Das wahre Glück bewohnt die Stadt
So willig, als des Landmanns Hecken!
Die Quelle wiegt nicht sanfter ein,
Als durch die Kunst getriebne Wässer!
Laſst Dichtern ihre Schwärmerey'n!

CHOR.

Je unnatürlicher, je beſſer!

NIX.

Anders geht's nicht auf der Welt!
Fremde Kühe ſind die beſten.
Städter ſehnen ſich ins Feld,
Und die Bauern nach Palläſten.
Wechſeln iſt ihr Element.

CHOR.

Macht es anders, wenn ihr könnt!

RITTER.

Der Schäfer und die Schäferinn
War kaum ein wenig grau geworden;
So kam dem Teufel in den Sinn,
Ein Mahl auf Gottes Schlag zu morden!
Bald ſah man nichts, als Wüſteney'n,
Und Drachen und verwünſchte Schlöſſer.
Laſst Dichtern ihre Schwärmerey'n!

CHOR.

Je unnatürlicher, je beſſer!

SALAMANDER.

Anders geht's nicht auf der Welt!

Weder itzo, noch vor diesen!
Gilt der Schäfer nicht mehr Geld,
Kommt der Jahrmarkt an die Riesen.
Wechseln ist ihr Element!

CHOR.

Macht es anders, wenn ihr könnt!

ROBINSON.

Columb erfand ein neues Land;
Wie Federstaub ging allen Pinseln
Das Landerfinden von der Hand;
Am sonderlichsten wüster Inseln.
Da lebten hübsch die Herrn allein,
Und schossen manchmahl Menschenfresser.
Lasst Schwärmern ihre Schwärmerey'n!

CHOR.

Je unnatürlicher, je besser!

KOBOLD.

Anders geht's nicht auf der Welt!
Dem Erfinder viel Gedeyhen!
Wem die alte nicht gefällt,
Mehrt die Narren in der neuen.
Wechseln ist ihr Element.

CHOR.

Macht es anders, wenn ihr könnt!

RHIZANDER.

Die liebe Folgezeit, zu klug,
Sah ihrer werthen Ahnen Mängel,

Und ſchuf dafür, mit gutem Fug,
So viel, als Menſchen waren, Engel:
Nichts, als Philinte, groſs und klein,
Vom gnäd'gen Junker bis zum Schöffer.
Laſst Schwärmern ihre Schwärmerey'n!

CHOR.

Je unnatürlicher, je beſſer!

SYLPH.

Anders geht's nicht auf der Welt!
Gönnt den Leuten ihr Verwandeln!
Je moraliſcher der Held,
Deſto minder darf er handeln!
Wechſeln bleibt ihr Element.

CHOR.

Macht es anders, wenn ihr könnt!

MORO. (*an das Paterre.*)

Ein jedes Ding nach ſeiner Art!
Klatſcht, meine Herren, in die Hände!
Die zwey Verliebten ſind gepaart,
Und unſre Rollen geh'n zu Ende.
Laſst heute Regeln Regeln ſeyn!
Wir, oder Regeln, wer iſt gröſser?
Für wundervolle Tändeley'n —

ALLE.

Je unnatürlicher, je beſſer!